Sigrid Bairlein / Christel Butters

# Schulanfang – Hilfen für Lehrer

## Materialien und Anregungen

Auer Verlag GmbH

Gedruckt auf umweltbewusst gefertigtem, chlorfrei gebleichtem und alterungsbeständigem Papier.

6. Auflage. 2005
© by Auer Verlag GmbH, Donauwörth
Alle Rechte vorbehalten
Zeichnungen: Steffi Kaiser, Halle
Gesamtherstellung: Ludwig Auer GmbH, Donauwörth
ISBN 3-403-02739-2

# Inhaltsverzeichnis

# Vorwort

Am ersten Schultag sind nicht nur die Kinder neugierig und aufgeregt. – Auch die Eltern und die künftige Erstklasslehrerin sehen diesem Tag mit gemischten Gefühlen entgegen.

Gerade die Lehrkräfte, die zum ersten Mal eine Anfangsklasse übernehmen, werden die Aufregung der Kinder gut verstehen können; geht es ihnen doch ähnlich.

Ängstliche Fragen wie

- Was kommt auf mich zu?

- Mit welchen Kindern werde ich im nächsten Jahr zusammen sein?

- Welcher Lehrstoff muss gelehrt/gelernt werden?

- Ist die Lehrerin/sind die Kinder nett?

- Kann ich den Stoff richtig vermitteln/richtig aufnehmen?

bedrücken beide Seiten.

Wir können mit diesem Buch den Kindern ihre Ängste nicht nehmen; das war auch nicht unser Anliegen.

Dieses Buch richtet sich in erster Linie an die Lehrer/innen, die zum ersten oder zweiten Mal eine erste Klasse führen werden: Es soll Ihnen vermitteln, was Sie schon im Vorfeld tun können, um Ihre Unsicherheiten loszuwerden. Sinnvolle Vorarbeit, das „Sicheinarbeiten" in eine fremde Situation geben Kraft und Selbstvertrauen, diese zu meistern.

In diesem Sinne wenden sich unsere Anregungen auch an all jene Lehrkräfte, die für neue Ideen immer offen sind.

Wir haben in diesem Buch unsere Erfahrungen zusammengefasst, die wir in langen Jahren im ersten Schuljahr sammeln durften. Als Hilfe für Ihre individuelle Planung des Schulanfangs möchten wir Ihnen praktisch erprobte Hinweise und Tipps geben. Untergliedert sind diese Hilfen in die Vorarbeit, die ich als Erstklasslehrer/in habe und in Anregungen für den ersten Schultag und die erste Schulwoche.

*Sigrid Bairlein*
*Christel Butters*

# 1 Kooperation Kindergarten – Schule und Eltern – Lehrerin

## 1.1 Kooperation zwischen Kindergarten und Schule

Selten ist die Zusammenarbeit zwischen Kindergarten und Schule derart gestaltet, dass es überflüssig ist, sich Gedanken über dieses Thema zu machen. In der Realität gibt es oft zahlreiche Probleme und Schwierigkeiten, die bewältigt werden müssen. Deshalb wollen wir hier konkrete Kooperationsmöglichkeiten aufzeigen.

Als konkrete Ansätze zur Kooperation bieten sich an:

- gegenseitiger Materialaustausch
- gegenseitiger Erfahrungsaustausch
- gemeinsame Elternabende
- gemeinsame Unternehmungen und Ausflüge
- gemeinsame Feste
- gemeinsame Fortbildungen von Erzieherinnen und Lehrern.

Eine solche Zusammenarbeit gelingt nur, wenn sie auf beiden Seiten *freiwillig* in Angriff genommen wird, nicht aber auf Grund von Vorschriften.

Kindergarten und Grundschule sind zwar institutionell getrennt, aber durch ihren gemeinsamen pädagogischen Auftrag verbunden. Vielerorts ist die Meinung verbreitet, die Kindergartenjahre sollen als unbeschwerte Zeit des Spielens in guter Erinnerung bleiben, denn danach beginne der „Ernst des Lebens", nun müsse richtig gelernt werden. Wer so denkt, übersieht die außerordentliche Bedeutung der Erziehung im Kindergarten. Die Erzieherinnen schaffen entscheidende *Grundlagen für das spätere Lernen* und können der Lehrerin vielfältige Anregungen für einen kindgemäßen Unterricht geben. So ist für aufgeschlossene, engagierte Lehrer der Kindergartenbesuch ein fester Bestandteil der Vorbereitung auf eine 1. Klasse geworden.

Der Kindergarten ist *lebensnah und kindorientiert*. Diese Prinzipien gelten auch für die Schule, gerade am Schulanfang. Psychologen, Pädagogen und Mediziner fordern, dass die Kinder störungsfrei von der einen in die andere Institution überwechseln können. Dies bedeutet für die Lehrer, die Arbeit der Erzieher geradlinig fortzusetzen und in behutsamer Weise Neues an die Kinder heranzutragen.

### 1.1.1 Zur Situation des Schulanfängers

Der Wechsel vom Elementar- in den Primarbereich ist für die Kinder mit vielen Umgewöhnungsprozessen verbunden. Objektiv hat jeder Schulanfänger Schwierigkeiten zu überwinden, die je nach Begabung und Charaktereigenschaften gemeistert werden. Ein kurzer *Vergleich zwischen Kindergarten und Schule* zeigt ihre Verschiedenartigkeit auf (s. Tabelle). Umstellungsschwierigkeiten können als unbewusste Ängste oder psychische Beschwerden auftreten. Oft entsteht Schulangst oder -unlust durch neue Anforderungen wie frühes Aufstehen, Angst vor dem Schulbus oder vor dem Schulweg, der nun allein bewältigt werden muss. Schwierigkeiten können auch durch den abrupten Wechsel der pädagogischen Bezugsperson entstehen.

| Kindergarten | Grundschule |
| --- | --- |
| kein zeitlich festgelegter Beginn, flexible Zeiteinteilung | zeitlich festgelegter Beginn, feste Zeiteinteilung während des Unterrichts (insbesondere bei Fachlehrerunterricht) |
| Kinder werden zum Kindergarten gebracht | nach einer Eingewöhnungszeit gehen die Kinder ihren Schulweg allein; Schulbusprobleme |
| meist eine feste Bezugsperson in einer kleinen Gruppe von Kindern; kindgemäßes Spiel- und Lernmaterial | mehrere Bezugspersonen (Lehrer, Hausmeister, …) |
| spielerisches Lernen; kein Leistungsdruck; heterogene Gruppen; Akzent auf musischen Tätigkeiten | fächerbezogenes, auf Lerninhalte abgestimmtes Lernen mit spielerischen Ansätzen; Leistungsdruck durch Leistungserhebungen; Vorrang für kognitive Tätigkeiten; altershomogene Gruppen |
| viel Bewegung zulässig | durch Sitzordnung und Vermittlung von Lerninhalten nur kurze Rhythmisierungsmöglichkeiten |

*Individuelle Entwicklungsunterschiede* treten verstärkt in Erscheinung. Folgen sind erste Lern- und Leistungsschwierigkeiten. Versagen in bestimmten Situationen und Probleme mit Hausaufgaben potenzieren die Angstgefühle. Unvorbereitet und oft zu hart trifft manche Kinder der Übergang von spielzentrierten Lernformen zum mehr fächerbezogenen Lernen. Probleme mit Ausdauer und Konzentration treten auf. Die Wettbewerbssituation unter Gleichaltrigen lässt Kinder individuelle Grenzen erkennen mit möglichen Folgen wie Resignation, Schulunlust oder Minderwertigkeitsgefühlen. Verstärkte Bewegungseinschränkung kann zu körperlicher Unruhe, Konzentrationsmangel und somit zu Leistungsabfall führen. Auch das Zusammenleben im Klassenzimmer unterscheidet sich z. T. erheblich von der familiär gestalteten, wohnlichen Atmosphäre des Kindergartens mit ihren täglich wiederkehrenden Ritualen wie Morgenkreis, gemeinsamem Essen, gewohnten Bräuchen und Spielen.

Aufgrund der Umstellungsprobleme erleiden Kinder bereits am Beginn ihrer Schullaufbahn Misserfolge. Das zeigt sich u. a.

- in der Zurückstellung vom Schulbesuch
- in der Überweisung in eine Förderschule oder
- in der Wiederholung der ersten Klasse.

Viele dieser Schwierigkeiten lassen sich durch Kooperation, durch gegenseitige Besuche im Kindergarten und in der Schule verringern und oft auch vermeiden.

## 1.1.2 Formen der Kooperation zwischen Kindergarten und Schule

In der Praxis hat sich bei uns bewährt:

- *Januar oder Februar:* Erstes zwangloses Treffen und Kennenlernen außerhalb des Kindergartens oder der Schule.
- *März:* Erster Elternabend im Kindergarten mit dem Thema „Ist mein Kind schulfähig?"
- Regelmäßige Besuche der Lehrerin im Kindergarten, um die Schulanfänger kennen zu lernen.
- Zweites Treffen zwischen Lehrerin, Erzieherin und Schuljugendberatung: Gespräch über Problemfälle.
- *April:* Erzieherinnen helfen bei der Durchführung der Schuleinschreibung.
- Drittes Treffen zwischen Lehrerin, Erzieherin und Schuljugendberatung nach der Durchführung des Schulaufnahmetests für vorzeitig einzuschulende Kinder und Problemfälle.
- Spielnachmittag mit Lehrern, Erziehern, Kindern und Eltern in der Schule.
- *Juni/Juli:* Die Schulanfänger aus dem Kindergarten besuchen die Schule und den Unterricht ihrer künftigen Lehrerin.
- Die Lehrerin schreibt Briefe an die Schulanfänger, die die Erzieherin verteilt.

- Die Erzieher werden zur Schulaufnahmefeier eingeladen.
- Weitere Veranstaltungen werden im Verlauf des ersten Schuljahres mit dem Kindergarten zusammen durchgeführt, z. B. Weihnachtsfeier, Nikolausfeier, Faschingsfeier usw.
- Hospitation der Erzieher in den ersten Schulwochen in der Schule.

Durch eine solch kontinuierliche Kooperation erfährt die Lehrerin wichtige Einzelheiten, familiäre Hintergründe, Besonderheiten, charakterliche Eigenschaften und vieles mehr. Es ist wichtig, dass sie diese Informationen schriftlich fixiert und bei der Schulanmeldung präsent hat, um konkrete Fragen bei Problemfällen stellen und Hilfen anbieten zu können.

*Fragen an die Erzieherinnen:*
- Hat das Kind Selbstvertrauen?
- Ist das Kind selbstständig, z. B. beim Anziehen oder Aufräumen?
- Soziales Lernen: Ist das Kind kontaktfähig?
- Spielt das Kind am liebsten nur mit einem Partner oder kann es auch in der Gruppe spielen?
- Kann sich das Kind über einen festgelegten Zeitraum (10 bis 15 Minuten) allein beschäftigen?
- Motorik: Hat das Kind Probleme im grobmotorischen oder feinmotorischen Bereich?
- Ist das Kind Linkshänder?
- Zeigt das Kind Störungen beim Sprechen?
- Wahrnehmung: Hat das Kind Hör- oder Sehstörungen?
- Kennt das Kind die Farben (rot – grün …)?
- Kognitives Lernen: Kann das Kind Details auf einem Bild beschreiben?
- Kann das Kind einer Geschichte aufmerksam zuhören?
- Kann man eine vorzeitige Schulaufnahme befürworten?
- Ist eine Zurückstellung notwendig?

Die Kooperation zwischen Kindergarten und Grundschule kann nur erfolgreich sein, wenn alle Beteiligten sich öffnen und Einblick gewähren in ihre Arbeit, ihre Sorgen und Probleme und ihr pädagogisches Konzept.

Vielerorts haben Erzieherinnen Hemmungen, Informationen über einzelne Kinder weiter zu geben, weil sie eine *Verletzung des Datenschutzes* befürchten. In allen Bundesländern gibt es Erlasse, Verordnungen, Empfehlungen und Materialien zur Zusammenarbeit von Erziehern und Lehrern. Auch die Lehrpläne für die Grundschule verweisen zunehmend auf die Notwendigkeit, an die vorschulischen Erfahrungen der Schulanfänger anzuknüpfen, um Kindern den Schulstart zu erleichtern, den Übergang kindgemäß zu gestalten und Kindergarten und Grundschule stärker aufeinander abzustimmen.

Erzieher und Lehrer sollten zur Kooperation ermuntert werden; Schulleiter und Schulverwaltung sowie

Träger und Trägerverbände angeregt werden, für eine Aktivierung und Verbreitung der Kooperation zu sorgen. Dabei ist es wichtig, auch Eltern und Elternbeiräte über die Zusammenarbeit der Pädagogen und ihre eigenen Mitwirkungsmöglichkeiten zu informieren.

## 1.2 Zusammenarbeit zwischen Lehrerin und Eltern

Jedem Elternteil wie Lehrer ist es einsichtig, dass eine Zusammenarbeit zwischen Elternhaus und Schule notwendig und von Nutzen ist. Trotzdem ist es oft schwer, eine gute Zusammenarbeit in die Tat umzusetzen. Rechtlich ist dieses Zusammenwirken seit 1972 im Urteil des Bundesverfassungsgerichtes wie folgt geregelt: „Der staatliche Erziehungsauftrag der Schule, von dem Art. 7,1 GG ausgeht, ist in seinem Bereich dem elterlichen Erziehungsrecht nicht nach-, sondern gleichgeordnet. Diese gemeinsame Erziehungsaufgabe … ist in einem sinnvoll aufeinander bezogenen Zusammenwirken zu erfüllen." (Aus: Behrends, W. u. a.: Liebe Eltern. Lichtenau: AOL-Verlag 1990, S. 7).

Ist die pädagogische Kooperation von Eltern und Schule nicht vorhanden, werden die Kinder einem Wechsel verschiedener Erziehungsansprüche ausgesetzt. Das wirkt sich nicht unbedingt positiv auf ihre Entwicklung aus. Vielmehr sollten Eltern und Schule einen positiven Rahmen schaffen, in dem die Kinder sich wohl fühlen.

Vorschläge für eine konkrete Kooperation zwischen Elternhaus und Schule:
– Elternabende
– Sprechstunden der Lehrerin/des Lehrers
– Elternstammtische
– gemeinsam geplante und durchgeführte Veranstaltungen wie Nikolausfeier, Faschingsfeier, Frühlingsfest oder schon vor Schulbeginn ein Treffen zum Schultütebasteln etc.
– gemeinsames Frühstück in der Schule
– Elternmitschau im Unterricht
– Wandertage, an denen auch die Eltern teilnehmen

### 1.2.1 Die ersten Elternabende

Schon vor Beginn der Schulzeit kann die Lehrerin an einem Elternabend mit den Eltern Kontakt aufnehmen:
– Die Lehrerin möchte wenigstens einmal im Jahr *alle* Eltern geschlossen versammelt haben, um ihnen ihr Unterrichtskonzept zu schildern, besonders zu Beginn einer ersten Klasse.
– Auch für die Eltern ist es positiv, wenn viele von ihnen versammelt sind. So fühlen sie sich in Fragen,

die Schule oder Unterricht betreffen, von anderen Eltern unterstützt.
– Die Eltern lernen sich untereinander kennen.
– Die Kinder zeigen daheim oft ein subjektives Bild vom Unterricht. Auf einem Elternabend kann man es korrigieren und objektivieren.
– Bei geplanten Projekten wie Klassenfesten, Wandertagen, Bastelabenden – hier Schulaufnahmefeier, erster Schultag – bringt ein Elternabend Klarheit über anfallende Probleme.

*Wann soll ich einen Elternabend halten?*
Immer dann,
– wenn ein Elternbrief zu ausführlich würde,
– wenn dringende Informationen für ein Projekt gegeben werden müssen und Abstimmungen zur Folge haben,
– wenn ein spontaner Dialog erwünscht ist,
– wenn man die Eltern kennen lernen möchte,
– wenn Klassenprobleme anstehen.

*1.2.1.1 Der erste Elternabend*

Empfehlenswert ist es, den ersten Elternabend, der möglichst noch vor Ostern stattfinden sollte, in der für die Eltern gewohnten Umgebung des Kindergartens abzuhalten.

Wir haben viele gute Erfahrungen bei solchen Elternabenden gesammelt. In Zusammenarbeit mit Erzieherinnen, Erstklasslehrerin, Schuljugendberaterin und Schulleiter/in führen wir diese ersten Elternabende als Informations- und Diskussionsabende durch. Dass Schulleiterin, Lehrerin und Erzieherin sich kennen, ist die erste freudige Beobachtung, die die Eltern interessiert machen. Resultat: Die neue Situation meines Kindes kann gar nicht so schlimm werden, wenn ein guter Kontakt zwischen Kindergarten und Schule besteht.

*Verlauf des ersten Elternabends*
1. Begrüßung durch den Gastgeber; hier die Kindergartenleiterin
2. Vorstellen der Personen durch die Leiterin
3. Nennen der Themengebiete mit jeweiligem Referenten
4. Fragen der Eltern
5. Allgemeine Diskussion

Folgende Themen werden besprochen:
– Wie bereitet der Kindergarten auf die Schule vor?
 Referent: Kindergartenleiterin
– Die rechtliche Seite des Schulanfangs
 Referent: Schulleiter
– Ist mein Kind schulfähig?
 Referent: Erstklasslehrerin
– Was erwartet die Erstklasslehrerin vom Schulanfänger?
 Referent: Erstklasslehrerin
– Probleme beim Schulanfang! Welche gibt es, wie kann ich sie meistern?
 Referent: Schuljugendberater/in

Provokativ formulierte Sätze regen die Eltern zu Fragen oder Diskussionen an. Die Eltern haben die Möglichkeit, nach jedem Kurzreferat Rückfragen zu stellen.

Der Elternabend im Kindergarten endet mit der Übergabe eines kleinen Präsents der Schulleitung an die Gastgeber. In guter, losgelöster Stimmung bleiben viele Eltern noch zu einem gemütlichen Umtrunk. Hier haben sie Gelegenheit, Lehrerin und Schulleiter/in auch von der privaten Seite kennen zu lernen.

### 1.2.1.2 Der zweite Elternabend

Nach diesem ersten Elternabend im Kindergarten folgt ein zweiter, der dann in der Schule stattfindet. Für den Ablauf ist die zukünftige Erstklasslehrerin allein verantwortlich. Die nachfolgende *Checkliste* soll bei der *Vorbereitung des zweiten Elternabends* helfen:

### A. Einige Wochen vorher

1. Sollten Sie neu an der Schule sein, erkundigen Sie sich im Kollegium, wie an der Schule Elternabende abgehalten werden, in welchem Zeitraum, in welchen Räumlichkeiten etc.
2. Befragen Sie frühere Lehrerinnen oder Kindergärtnerinnen
   – nach ihren Erfahrungen mit den Eltern
   – nach Themengebieten, die die Eltern besonders interessieren!
3. Überlegen Sie, ob Sie bei Ihren Themen nicht einen Experten (z. B. Schulleiter/in, Zahnarzt, den Schulpsychologen, einen Polizeibeamten oder andere) hinzuziehen wollen.
4. Sollten Sie einen Referenten hinzuziehen wollen, denken Sie an eine rechtzeitige Vereinbarung!
5. Legen Sie rechtzeitig einen Termin fest und senden Sie die Einladungen so ab, dass die Eltern sie eine Woche vor dem geplanten Treffen erhalten!
6. Informieren Sie etwa 10 bis 14 Tage vorher Schulleiter/in und Hausmeister!
7. Notieren Sie sich in Stichpunkten den Ablauf des Abends!
8. Bereiten Sie notwendige Materialien (leere Stundenplantafeln, Dias, Bilder, …) vor!
9. Überlegen Sie, wie viele Stühle Sie brauchen und wie sie aufgestellt werden sollen (sehr günstig: Sitzkreis mit großen Stühlen)!

### B. Am Vortag

1. Erinnern Sie noch einmal Schulleiter/in und Hausmeister an den Abend.
2. Fragen Sie bei den Referenten zurück!
3. Überprüfen Sie Ihr Klassenzimmer auf Ordnung und angenehme Atmosphäre:
   – Ordnung besonders unter den Bänken
   – Angenehme Atmosphäre: Stellen Sie einen Blumenstrauß auf das Pult! Dekorieren Sie die Wände und Fensterbänke mit Schülerarbeiten (oder Bildern aus dem Kindergarten).
4. Überprüfen Sie elektrische Geräte, die Sie evtl. einsetzen wollen, z. B. Tageslichtprojektor, Filmgerät, Diaprojektor …
5. Denken Sie an Ihr Skript!
6. Markieren Sie den Weg zu Ihrem Klassenzimmer (Pfeile an Eingangstür und Wänden)!
7. Gehen Sie abends frühzeitig zur Schule und sperren sie auf. Es gibt immer Eltern, die früher erscheinen, um mit Ihnen noch ein paar Worte unter vier Augen zu reden.

*Gruppenspiel für den Beginn*

Sie lassen die Eltern an Gruppentischen Platz nehmen, auf denen sie vorher Fragekarten und Würfel (oder eine Drehscheibe) verteilt haben.

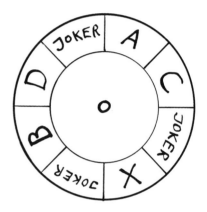

Untere Scheibe: Papp- oder Holzscheibe. Der Rand wird in Felder aufgeteilt, auf denen sich Buchstaben und Joker befinden.

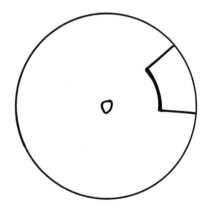

Darauf wird eine Scheibe mit nur einem Sichtfenster befestigt, die gedreht werden kann.

Die obere Scheibe wird von den Eltern der Reihe nach gedreht. Erscheint im Sichtfeld der Joker, so zieht der zuletzt Drehende eine Ereigniskarte und beantwortet die Frage.

Beim Gebrauch des Würfels funktioniert das Spiel folgendermaßen:

Die Eltern würfeln nacheinander; derjenige, der eine 1 oder eine 6 würfelt, zieht eine Karte und muss sich zu der darauf gestellten Frage äußern.

Folgende Fragen bieten sich für die Ereigniskarten an:

- Was stellen Sie sich unter einem „kindgerechten" Schulanfang vor?
- Welche unterschiedlichen Voraussetzungen können Kinder mit in die Schule einbringen?
- Was sollten die Eltern über die Einschulung wissen?
- Wie viele Schüler/Klassen hat die Schule?
- Wie viele Lehrkräfte hat die Schule?
- Was verstehen Sie unter dem Begriff „Förderunterricht"?
- Was stellen Sie sich unter dem Begriff „Arbeitsgemeinschaft Tennis" vor?
- Was stellen Sie sich unter dem Begriff „Arbeitsgemeinschaft Schulspiel" vor?
- Wie können Eltern helfen, den Übergang vom Kindergarten zur Schule zu erleichtern?
- Wie sollte der Anfangsunterricht im Lesen aussehen?
- Wie stellen Sie sich den Anfangsunterricht im Rechnen vor?
- Wie sollte der Anfangsunterricht im Schreiben aussehen?
- Wie stellen Sie sich einen ersten Schultag vor?
- Welchen Schulbedarf hat ein Erstklässler?
- Welche Schulbücher möchten Sie schon vor Schulbeginn kennen lernen?
- Wie werden die ersten Schultage und Schulwochen gestaltet?
- Wie viele Hausaufgaben bekommt ein Schulanfänger?

Dieses Spiel hat positive Auswirkungen:

- Ruhe kehrt ein: Die Lage entspannt sich, indem die Aktivität auf die Gruppen verteilt ist.
- In der Gruppe redet man leichter, ohne Scheu, als vor einer großen Gemeinschaft.
- Die Aufregung der Lehrerin legt sich.
- Die „verlegene" Lehrerin wird zunächst einmal entlastet.
- Die Eltern beschäftigen sich direkt mit den Themen des Abends.
- Nach Beendigung des Spiels setzt eine spontane Diskussion ein.

Lassen Sie den Eltern 10 bis 15 Minuten Zeit zum Spielen. Dann ist die Stimmung so aufgelockert, dass Sie nun viel gelöster sprechen können.

Der Elternabend ist für viele Eltern die erste Gelegenheit, nach ihrer eigenen Schulzeit wieder eine Schule zu betreten. Das Bild von der Schule hat sich natürlich im Laufe der Zeit geändert. Jetzt haben Sie die Möglichkeit, Ihren Unterrichtsstil zu erläutern.

*Mögliche Themen für den Elternabend in der Schule:*

- Allgemeine Informationen über die Schule, Zahl der Schulanfänger, Kriterien der Klassenbildung, Lehrkörper etc.
- Vorstellung der Klassenlehrerin
- Vorstellung der/des Referenten
- Vorbereitung der Kinder auf die Schule, Schulbesuche vor Schulbeginn, gemeinsames Fest, Brief der Lehrerin an die neuen Erstklässler etc.
- Ausgabe und Besprechung des Schulbedarfs einer ersten Klasse
- Vorstellen der Schulbücher und des sonstigen Arbeitsmaterials
- Inhalte und Gestaltung der ersten Schulwochen
- Nennen wichtiger Termine.

Nach diesem Elternabend in der Schule stehen die Eltern nicht mehr vor völlig fremden Situationen. Die Verunsicherung hat sich gelegt. Die Lehrerin und der neue Ort, zu dem sie ihre Kinder schicken müssen, ist ihnen durch die Schuleinschreibung, ein gemeinsam durchgeführtes Fest, vertraut.

*1.2.1.3 Der dritte Elternabend*

Der dritte Elternabend wird in der Schule abgehalten, denn nun sind die ABC-Schützen schon Schüler der Schule. Sie haben Erfahrungen, positive wie negative, gesammelt und die Eltern haben bestimmt neue Fragen, neue Probleme, über die sie reden möchten. Es empfiehlt sich, den dritten Elternabend am Abend der Klassenelternsprecherwahl abzuhalten.

Möglich wäre es auch, diesen dritten Elternabend kombiniert mit der Verkehrserziehung zu planen. Laden Sie einen Polizisten oder einen anderen Sachverständigen ein, der die Eltern auf die Probleme im Verkehr hinweist. Danach können Sie immer noch mit den Eltern über schulische Probleme reden.

Sollten Sie einen Elternabend ohne irgendwelche Kombinationen wünschen, wäre es denkbar, folgenden Beginn (zur Auflockerung der Stimmung) zu wählen:

Fordern Sie am Vormittag die Kinder auf, ihr Lieblingstier, Lieblingsspielzeug oder beides zu zeichnen. Das Bild sollen die Kinder auf den Tisch legen. Abends sollen die Eltern das Bild ihres Kindes wiedererkennen.

Dieser Beginn ist bestimmt von einer heiteren Note gekennzeichnet und lockert die gespannte Lage etwas auf. Eine nette Geste wäre es, wenn die Eltern umgekehrt für ihr Kind etwas zeichnen (z. B. ihr Hobby, sich selbst …) und das Bild am Ende des Elternabends auf dem Tisch liegen lassen. Die Kinder haben am folgenden Morgen großen Spaß, an Hand der Bilder festzustellen, wo Mutter oder Vater gesessen haben.

*Zum Schluss noch einige Tipps zum Elternabend:*

- Wählen Sie geeignete Termine für die drei Elternabende!
  1. Elternabend: vor Ostern im Kindergarten

2. Elternabend: kurz vor Beginn der Sommerferien in der Schule
3. Elternabend: im September oder Oktober in der Schule

- Fassen Sie die Einladung so kurz und informativ wie möglich!
- Achten Sie auf ausreichende und geeignete Bestuhlung!
- Versuchen Sie, mit den Eltern ins Gespräch zu kommen. Vermeiden Sie lange Monologe!
- Geben Sie den Eltern die Möglichkeit, selbst etwas zu tun, das von Ihrer Person ablenkt! Trotzdem sollten Sie die Lenkung des Abends, der Themen, unter Kontrolle halten.
- Halten Sie sich an die Checkliste (s. Seite 8)!

Weitere Elternabende folgen im Verlauf der ersten und zweiten Klasse. Eltern sind dankbar, wenn sie über „Problemfelder" des Unterrichts informiert werden und sich mit anderen Eltern austauschen können. Folgende Themen bieten sich an:

- Wie lernt Ihr Kind am besten? (Biorhythmus, neue Lernverfahren)
- Lernen und Fehler machen?
- Das Problem der Hausaufgaben
- Konzentrationsschwierigkeiten – Was kann man dagegen tun?
- Aggressives Verhalten – Was tun?

### 1.2.2 Vorschläge für Einladungsschreiben:

#### *Einladung für den ersten Elternabend im Kindergarten*

Schule _____ Datum _____

Sehr geehrte Eltern,

Ihr Kind wird im September die Schule besuchen. Der Wechsel vom Kindergarten in die Schule ist für alle Beteiligten bestimmt nicht einfach. Viel Neues wird auf Sie und Ihr Kind zukommen. Vielleicht haben Sie Fragen zu dem neuen Lebensabschnitt Ihres Kindes. Um Ihnen Informationen zu vermitteln und Klarheit zu verschaffen, laden wir Sie recht herzlich zum ersten

#### *Elternabend*
am _____ um _____
im Kindergarten _____ ein.

Wir, d. h. der Schulleiter, die zukünftigen Erstklasslehrerinnen, der Schuljugendberater sowie die Erzieherinnen würden uns freuen, wenn Sie vollzählig an diesem Elternabend teilnehmen.

*Mit freundlichem Gruß*

_____

#### *Einladung zum zweiten Elternabend*

Schule _____ Datum _____

Sehr geehrte Eltern,

Ihr Kind steht vor einem wichtigen neuen Lebensabschnitt. Auch wenn es die Schule durch unsere gemeinsamen Aktivitäten nun schon kennt, auch wenn der Übergang vom Kindergarten noch so fließend ist, in der Schule muss sich Ihr Kind an neue Formen des Lernens gewöhnen. Hierbei braucht es Unterstützung. Wie diese aussehen wird bzw. was Ihr Kind Neues lernen muss, dies möchte ich auf einem zweiten

#### *Elternabend*
am _____ um _____
in der Schule, Raum Nr. _____

erklären. Es wird Sie bestimmt auch interessieren, in welchem Zimmer Ihr Kind in Zukunft ein Viertel seiner Zeit verbringen wird. Interessant ist bestimmt auch der äußere Rahmen, die Daten der Schule.
Wichtig für Sie wird es sein, wie der Anfangsunterricht aussehen wird. Was wird von Ihrem Kind alles verlangt?

Um all diese Fragen zu beantworten, bitte ich Sie, recht zahlreich zum Elternabend zu erscheinen.

*Mit freundlichem Gruß*

_____

#### *Einladung zum dritten Elternabend*

Schule _____ Datum _____

Sehr geehrte Eltern,
Ihr Kind ist nun schon seit einigen Wochen Schulkind. Es hat sicherlich positive wie negative Erfahrungen gesammelt. Um diese sowie andere Anliegen zu besprechen, lade ich Sie zum dritten

#### *Elternabend*
am _____ um _____
in der Schule, Raum Nr. _____

recht herzlich ein.

Ferner möchte ich versuchen, Ihre persönlichen Fragen aufzugreifen und sie so gut es geht beantworten. Ich würde mich freuen, wenn Sie am Elternabend zahlreich erscheinen.

*Mit freundlichem Gruß*

_____

### 1.2.3 Der Elternabend als Bastelabend
### Thema: Wir basteln Schultüten

Mancherorts treffen sich Eltern und Erzieherinnen einige Wochen vor Schulbeginn, um gemeinsam Schultüten zu basteln. Nach Absprache könnte dies auch in der Schule in den künftigen Klassenzimmern der Schulanfänger stattfinden. Die Lehrerin müsste dann das Material besorgen und die Eltern vorher informieren, welche Dinge zusätzlich benötigt werden. Der ALS-Verlag bietet Schultüten zum Gestalten an, die sich hervorragend eignen.

Getränke und kleine Häppchen können für eine lockere und entspannte Atmosphäre sorgen. Die Lehrerin hat an diesem Abend Zeit, sich zu den Eltern zu setzen und mit ihnen zu plaudern, da sie selbst keine Schultüte basteln muss. Neben dem zwanglosen Gespräch besteht außerdem die Gelegenheit, den Eltern die Herkunft und das Brauchtum der Schultüten zu erläutern.

Gegen Ende der zwanziger Jahre tauchte die *Schultüte* zum ersten Mal in Großstädten des Ruhrgebietes auf. Dort war es Sitte, dass Eltern, Paten und Großeltern den Schulanfänger bei seiner Rückkehr am ersten Schultag mit einer Zuckertüte verwöhnten. Später ging man dazu über, den Schulanfänger am Schulhaus mit einer Tüte abzuholen. Heutzutage trägt der Erstklässler seine Tüte selbst.

Als Gründe für diesen Brauch werden angenommen:

Schlesische und sächsische Bergarbeiter brachten den Zuckertütenbrauch aus ihrer Heimat ins Ruhrgebiet mit. In Schlesien gab es nämlich für Kinder, die Geschwister bekamen, Süßigkeiten in Zuckertüten. Im Rheinland erhielten die Schulanfänger von ihren Taufpaten Backwerk und Bonbons geschenkt. Aus beiden Bräuchen – so wird vermutet – entstand der neue Brauch der Schultüte.

In den frühen dreißiger Jahren begrüßte mancherorts der Lehrer seine Schulanfänger mit kleinen Geschenken, wie Bonbons oder Bildchen, um ihnen die Ungewissheit vor dem neuen Lebensabschnitt zu nehmen. Heutzutage sollten aus den Schultüten die Schleckereien weitgehend verbannt sein. Sie sind z. T. mit Dingen gefüllt, die ein Schulanfänger gut brauchen kann. In jeder Zeit hatten und haben diese Bräuche eines gemeinsam, nämlich den Schritt in den Ernst des Lebens zu erleichtern.

## 1.2.4 Checkliste für die zeitliche Planung

| Januar | Februar | März | April | Mai |
|---|---|---|---|---|
| • Besuch der Erstklasslehrerin im Kindergarten | • Besuch der Erstklasslehrerin im Kindergarten<br>• persönliches Kennenlernen von Erzieherin und Lehrerin außerhalb des Kindergartens<br>• Konferenz mit dem Thema „Wie gestalten wir die Schuleinschreibung?" | • Erster Elternabend im Kindergarten mit Thema: „Ist mein Kind schulfähig?"<br>• Einladung zur Schulanmeldung versenden<br>• öffentliche Bekanntgabe<br>• persönliches Gespräch mit Erzieherin, Lehrerin und Schuljugendberater/in über Problemfälle<br>• Erzieherin zur Mithilfe bei Schulanmeldung bitten | • Schulanmeldung organisieren<br>  – Spielzimmer<br>  – Cafeteria<br>  – Anmeldezimmer<br>  – Malstifte, Papier bereitstellen<br>• Durchführung eines Schulaufnahmetests für Früheinschuler und Problemfälle<br>• Gespräch mit Erzieherin, Lehrerin und Schuljugendberater/in nach Durchführung des Tests | • Lehrerin in Kindergarten<br>• Spielnachmittag mit Eltern, Kindergartenkindern und Schülern in der Schule<br>• Zweiter Elternabend in der Schule Themen:<br>  – Schulmaterial<br>  – Hausaufgaben<br>• Theaterstücke, Musikstücke für Aufnahmefeier vergeben |

| Juni | Juli | August | September |
|---|---|---|---|
| • Termin mit Polizisten vereinbaren<br>• Erstellen des Erstklasslehrplanes mit anderen Kollegen<br>• Erstklassmedien sichten, ordnen, überprüfen, bestellen<br>• Proben für Aufnahmefeier | • Kindergartenkinder kommen in den Unterricht<br>• Probe der Aufnahmefeier<br>• Besprechung mit Pfarrer wegen Anfangsgottesdienst<br>• Fotografen für den ersten Schultag bestellen<br>• Gespräch mit Elternbeirat wegen Bewirtung am ersten Schultag<br>• Dekoration für Schulaufnahmefeier basteln | • Lehrerin schreibt persönliche Briefe an die künftigen Erstklässler | • erster Schultag<br>  – Elternabend für Klassensprecherwahl und<br>  – Referat von Polizisten „Der sichere Schulweg"<br>  – Schulhausreise<br>  – Patenschaften |

# 2 Schuleinschreibung

## 2.1 Der Tag der Schuleinschreibung – Vorschläge für eine kindgemäße Schuleinschreibung

Nach den ersten Kontaktaufnahmen zwischen Erzieherinnen und Lehrern tritt nun bei der Schuleinschreibung das Kind, der zukünftige Schüler, mit in den Beziehungskreis ein.

Die Schuleinschreibung ist normalerweise der erste Kontakt zwischen Kind und Schule. Es gibt kein festes System, wie sie ablaufen soll. Schlimm für das Kind, das mit hohen Erwartungen diesem Schulbesuch entgegensieht, wäre folgender Ablauf:

Mutter oder Vater kommt mit Kind in die Schule, in den Raum der Schuleinschreibung. Sie werden einer beliebigen einschreibenden Lehrperson zugewiesen, die an einem Tisch sitzt und die Personalien etc. aufnimmt.

Nachdem die Formblätter ausgefüllt sind, werden Mutter/Vater und Kind verabschiedet. Der einschreibende Lehrer hat oft keine Zeit, mit dem Kind einige persönliche Worte zu wechseln. Das Kind verlässt sicherlich enttäuscht die Schule.

### Vorschläge für eine *kindgemäße Schuleinschreibung*

Die formale Seite der Schuleinschreibung, das Notieren der persönlichen Daten, sollte dem Kind zuliebe gekürzt werden, indem man:

1. den Eltern vor dem Schuleinschreibungstag einen Einladungsbrief sowie einen Fragebogen zusendet, mit der Bitte, diesen rechtzeitig vor der Einschulung an die Schule zurückzusenden.
2. die Sekretärin bittet, die Aufnahmeblätter vorzubereiten, so dass man sie nur noch kontrollieren muss.

Dadurch gewinnt man Zeit für Eltern und Kind. Wichtig ist es an diesem Tag, ein Elterngespräch durchzuführen, bei dem das Kind nicht anwesend ist. Genauso wichtig ist das Kennenlernen des neuen Schülers.

Es ist pädagogisch wie psychologisch wertvoll, wenn die zukünftige Erstklasslehrerin sich mit den Schulkindern befasst. In der Praxis kann man dieses auf verschiedenste Weise realisieren:

- Die zukünftigen Schüler werden in kleinen Gruppen (4–6 Schüler) in ein Zimmer gebeten. Hier beschäftigt sich die Lehrkraft mit ihnen.

- Vorstellen der Namen im Spiel
  L: Ich heiße Frau/Herr …
  Wie heißt du?

Schon bei der Beantwortung dieser Frage stellt man Unterschiede fest. Manche Kinder treten selbstsicher, andere ängstlich auf. Manche antworten schon im ganzen Satz, andere reden nur mit einzelnen Worten. *Sprachschwierigkeiten* können hier bereits festgestellt werden.

- Zur Überprüfung der *grobmotorischen Fähigkeiten* dürfen die Kinder über Springseile, die die Lehrerin sternförmig angeordnet hat, gehen, hüpfen, balancieren.
- <u>Aufträge:</u> Hüpfe auf beiden Beinen einmal links, einmal rechts über das Seil. Versuche, es nicht zu berühren!
- Hüpfe auf einem Bein!
- Balanciere auf dem Seil! Stell dir vor, es wäre eine Brücke und unter ihr im Wasser schwimmen große Krokodile!

Zur Feststellung der *Zahlauffassung* lässt man die Kinder von der Mitte aus in die Ecke mit 4, 3, 5 … Luftballons gehen.

Es empfiehlt sich, das Klassenzimmer schon am Vortag vorzubereiten:

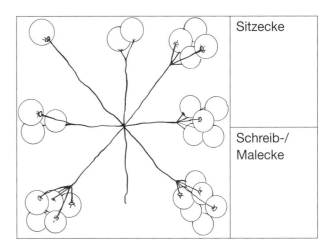

Nun sind die Kinder bestimmt schon etwas aufgelockert und man kann mit ihnen in der Schreib-/ Malecke *Konzentrationsfähigkeit*, *Stifthaltung*, und die *feinmotorischen Fähigkeiten* etc. überprüfen.

Beispiele:

- Muster vollenden
- Überflüssige, nicht zur Schule gehörende Dinge streichen
- Dinge verbinden mit rotem/grünem Stift
- Schwungübungen nachvollziehen
- Wege nachfahren …

In der Sitzecke kann man zum Schluss Einblick in die *sprachliche Entwicklung* des Kindes erlangen.

Beispiele:
- Eine Geschichte zu Ende erzählen lassen.
- Eine Bildergeschichte ordnen und dazu erzählen lassen ...

Um alles Wesentliche eines jeden Kindes zu erfassen und zu behalten, wäre es günstig, wenn Beobachter die Ergebnisse eines jeden Bereiches aufschreiben. Um die Kinder nicht durch zu viele fremde Gesichter zu verwirren, könnten die Erzieherinnen diese Aufgabe übernehmen.

Parallel zu dieser Sichkennenlernzeit zwischen Lehrerin und Schulkind vervollständigen im Klassenzimmer nebenan eine oder mehrere Lehrkräfte die schon vorbereiteten Schulaufnahmebögen. In diesem Elterngespräch kann man zusätzliche Informationen von den Eltern gewinnen, z. B.
- *Verlief die Schwangerschaft normal?*
- *Wann konnte das Kind laufen, sprechen etc.?*
- *Kann es Schuhe binden?*
- *Ist es Links- oder Rechtshänder?*
- *Wie lange kann es konzentriert spielen, Kassetten hören?*
- *Wie verhält es sich bei Misserfolg?*
- *Wie verhält es sich im Streit?*
- *Ist es jähzornig, rechthaberisch oder gibt es eher nach?*
- *Ist das Kind ein ängstlicher oder draufgängerischer Typ?*
- *Wie sieht die familiäre Situation aus?*

Ein Elterngespräch dieser Art hilft, von Anfang an Klarheit zu schaffen. Viele Eltern sind erfahrungsgemäß froh, viel über ihr Kind erzählen zu können, mit der Hoffnung, dass es in der Schule richtig verstanden und behandelt wird. Das Gespräch hilft, die Kinder dort abzuholen, wo sie wirklich sind.

Den äußeren Rahmen einer Schulaufnahme muss man rechtzeitig gestalten. Als Räume eignen sich die Klassenzimmer der ersten Klasse. Hier sind sowohl die räumlichen (Bestuhlung, Tische etc.) als auch die gestalterischen Gegebenheiten vorhanden, die ein Vertrauen erweckendes Bild geben. Die jetzigen Erstklässler können die Klassenzimmer für die Schulneulinge schmücken. Daneben sollte man aber einige Kindergartenbilder aufhängen und andere vertraute Gegenstände herrichten, damit die fremde Umwelt etwas heimischer wird.

Auf der anderen Seite darf man die Eltern nicht vergessen. Eltern, die ihr erstes Kind einschulen, sind mindestens ebenso ängstlich und nervös wie das Kind. Um dieses Gefühl zu vertreiben, richtet man in der Nähe der Klassenzimmer eine Cafeteria ein. Mit Kaffee und Kuchen kommen die Eltern im Gespräch zusammen und können ihre Erfahrungen austauschen. Sehr günstig wäre es, wenn eine Erst- oder Zweitklasslehrkraft für diese Eltern Zeit hätte und Fragen beantworten könnte. Empfehlenswert ist das Dekorieren der Cafeteria durch Ausstellen umweltfreundlichen Schulmaterials sowie Plakaten, die über umweltschädigendes Schulmaterial informieren.

Anregungen bietet auch eine Ausstellung über Bücher für Erstlesende und für Eltern von Schulanfängern.

Zum Schluss der Schuleinschreibung können die Kinder in die Turnhalle gehen und sich dort ein Kasperltheater anschauen, das stündlich aufgeführt wird. Um lange Wartezeiten zu vermeiden, kann man schon vorher im Kindergarten eine Liste aushängen, in die sich die Eltern an einem für sie passenden Zeitpunkt eintragen.

## 2.2 Durchführung des Schulfähigkeitstests

Wir haben in den letzten Jahren stets Tests durchgeführt, jedoch nie für alle Schulanfänger, sondern nur bei vorzeitiger Schulaufnahme, bei Problemfällen oder auf Wunsch der Eltern. Von der „Arbeitsgemeinschaft Schulberatung in Mittelfranken" wurde ein umfassendes Feststellungsverfahren zur Schulfähigkeit entwickelt, von dem wir Teile modifiziert und auszugsweise mehrmals durchgeführt haben. Dieses Verfahren ist unserer Meinung nach auch für Dienstanfänger praktikabel.

Das Skriptum kann man beziehen über „Arbeitsgemeinschaft Schulberatung in Mittelfranken", z. H. Irmtraud Glossner, Grundschule Rosstal, Schulstraße 20, 90574 Rosstal (etwa 20 DM). Sie erhalten dann die vollständigen Unterlagen mit eingehenden Durchführungshinweisen, ausführlichen Erläuterungen der Aufgabeninhalte und Arbeitsblätter sowie einen ausdifferenzierten Beobachtungsbogen. Wir möchten Ihnen hier eine von uns angewandte, stark vereinfachte und gekürzte Version vorstellen.

*Zur Durchführung des Tests:*

Tag und Uhrzeit wurden den Eltern bei der Schuleinschreibung schriftlich mitgeteilt.

Der Test findet am frühen Vormittag in einem freundlich gestalteten Klassenzimmer statt. Folgende Dinge werden dazu benötigt: Scheren für Links- und Rechtshänder, Klebstoff, Bleistifte, Buntstifte, Stoffball, Tesakrepp, Kassettenrekorder mit Geräuschkassette, Namensschild für jedes Kind, Arbeitsblätter, Beobachtungsbogen, Schild „Bitte nicht stören!".

Die Testgruppe sollte nicht mehr als sechs Kinder umfassen. Die Durchführung geschieht am besten durch eine erfahrene Erstklasskraft, während Schuljugendberatung und Erzieherin beobachten. Die Testdauer beträgt ca. 90 Minuten. Unmittelbar an die Untersuchung schließt sich die Auswertung an.

1. Für die Eingangsphase sind Bewegungsspiele besonders aufschlussreich: Zuwerfen und Fangen des Stoffballs, nachdem der Name des Kindes aufgerufen wurde, das fangen soll; Balancieren vorwärts und rückwärts auf einem auf den Boden geklebten Tesakreppstreifen; ein- und zweibeiniges Springen über den Streifen; Hin- und Herspringen fortlaufend; Hampelmannsprung.
   ● Beobachtungsaufträge:
     – Kann das Kind den Ball fangen?
     – Folgt es mit dem Auge dem Ball?
     – Nimmt es Kontakt zu anderen Kindern auf?
     – Beteiligt es sich spontan am Spiel?
     – Kann es sich nicht ins Spiel einfügen?
     – Kann es die Schritte sicher auf dem Strich setzen und weicht nicht mehr als einen Fußbreit ab?
     – Vermag es Rückwärtsschritte zu setzen ohne umzusehen?
     – Kann es seine Sprungkraft bewusst einsetzen, um über den Strich zu kommen?
     – Gelingen ihm einige Sprünge in Folge?
     – Gelingt beim Hampelmannsprung die Koordination von Armen und Beinen?

2. „Mama hat Geburtstag. Du schenkst ihr eine schöne Blume. Male sie auf ein Blatt!"
   ● Beobachtungsaufträge:
     – Fallen Raumaufteilung bzw. Größe der dargestellten Blume auf?
     – Hält das Kind den Stift rechts oder links?
     – Sind Stifthaltung oder Druckstärke auffällig?
     – Wurde die Zeichnung in angemessener Zeit vollendet?
     – Wurden Details wiedergegeben? In welcher Sorgfalt?

3. Den Kindern wird ein Arbeitsblatt mit einer Eule gezeigt: „Du darfst die Eule ausschneiden. Versuche, genau auszuschneiden!"
   ● Beobachtungsaufträge:
     – Kann das Kind richtig mit der Schere umgehen?
     – Beginnt es spontan, zögert es, orientiert es sich bei den anderen?
     – Sitzt es tatenlos da und behauptet, es nicht zu können?
     – Arbeitet es zügig oder muss es zum Weiterarbeiten aufgefordert werden?

     – Bemüht es sich, genau zu schneiden, oder schneidet es die Figur nur in groben Umrissen aus?
     – Wie verhält es sich, wenn ihm beim Schneiden ein Fehler passiert?
     – Zeigt es Freude bei der Aufgabe?

4. Bilder vergleichen: „Im ersten Kästchen siehst du eine Katze. Schau sie genau an! Daneben siehst du noch andere Katzen. Welche Katze sieht genauso aus wie die Katze im ersten Kästchen?" Die erste Aufgabe wird gemeinsam erarbeitet. Danach bearbeiten die Kinder jede Reihe selbstständig.
   ● Beobachtungsaufträge:
     – Versteht das Kind die Arbeitsanweisung (fragt das Kind nach)?
     – Vergleicht es genau (Größenunterschiede, Formen)?
     – Ist es sicher/unsicher in seinen Entscheidungen?

5. Bildergeschichte ordnen und nacherzählen: „Die drei Bilder erzählen eine Geschichte. Sie liegen jetzt durcheinander. Schau sie dir an und sage mir, mit welchem Bild die Geschichte anfängt. ... Wie geht die Geschichte weiter?"
   ● Beobachtungsaufträge:
     – Schaut das Kind die Bilder vor dem Ordnen genau an?
     – Oder greift es wahllos eines nach dem anderen heraus?
   Nach dem Ordnen erzählen die Kinder die Geschichte nach.
   ● Beobachtungsaufträge:
     – Erkennt das Kind, dass auf allen drei Bildern die gleichen Personen/Tiere vorkommen?
     – Wie sind Wortschatz und sprachliche Ausdrucksfähigkeit?
     – Erzählt das Kind spontan oder muss es immer wieder gefragt werden?
     – Beginnt das Kind am Anfang der Geschichte und setzt es sie folgerichtig fort?
     – Erzählt es mit eigenen Worten?
     – Bleibt das Kind beim Erzählen an Details hängen und verliert dadurch den Überblick über die Handlung?

6. Arbeitsblatt Marktstand:
   Nach einer vorbereitenden Besprechung des Bildes werden folgende Aufgaben gelöst:

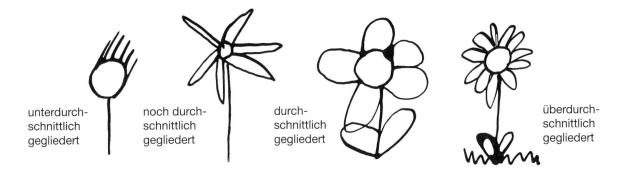

unterdurchschnittlich gegliedert

noch durchschnittlich gegliedert

durchschnittlich gegliedert

überdurchschnittlich gegliedert

Name _____

Suche die Kiste mit …!
Male vier Birnen aus!
Male die Gurken in der 3. Kiste grün an!
Betrachte den Marktschirm! Er ist in vier Felder ein-
geteilt. Male in jedes Feld fünf blaue Punkte!
Male immer vier Äpfel in ein rotes Netz!
Mutter kauft die Kiste, in der mehr Kartoffeln sind.
Kreuze diese Kiste an!

● Beobachtungsaufträge:
  – Kennt das Kind die Ordnungszahl?
  – Zählt das Kind deutlich sichtbar ab? (Mengen-
    erfassung)
  – Überschaut das Kind die Vierermengen?
  – Orientiert es sich sicher auf dem Blatt?
  – Beschäftigt es sich mit Nebensächlichem?
  – Greift das Kind sicher nach dem richtigen Farb-
    stift?

**Bilder vergleichen**

Name _____

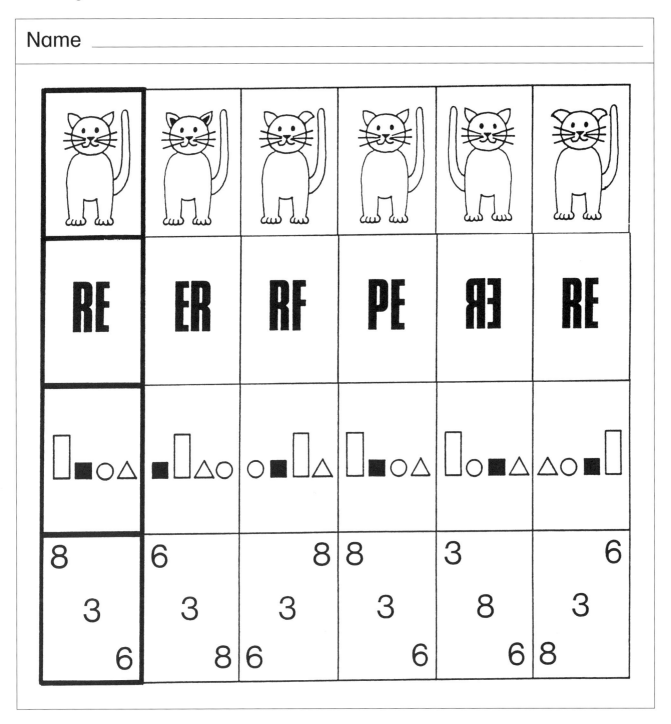

7. Arbeitsblatt Geräusche:
   Die Abbildungen mit den Kindern besprechen, das
   Blatt einsammeln, Kassette mit 6 Geräuschen ab-
   spielen (Hund/Handsäge/Hahn/Wecker/Dampf-
   lok/Kirchenglocke); jetzt markieren die Kinder auf
   dem Blatt das Gehörte.
   ● Beobachtungsaufträge:
     – Kann das Kind die Bilder auf dem Arbeits-
       blatt benennen?

– Lässt es sich beim Zuhören ablenken?
– Streicht es wahllos oder gezielt durch?
– Reagiert es bei bestimmten Geräuschen
  emotional?
– Muss es zur Mitarbeit aufgefordert werden
  oder arbeitet es spontan mit?

**Bildergeschichte**

Name

Name

# Beobachtungsbogen

Datum: _____

Name: _____  _____

geb.: _____

Kind war in Begleitung von
- ○ Mutter
- ○ Vater
- ○ Oma / Opa
- ○ andere Person

Kind betrat den Raum
- ○ ängstlich
- ○ schüchtern
- ○ entspannt
- ○ neugierig
- ○ konnte sich nicht von Begleitpersonen trennen

| Aufgaben | Beobachtungen | Ergebnisse | | |
|---|---|---|---|---|
| | | über-durch-schnittl. | durch-schnitt-lich | unter-durch-schnittl. |
| 1 Eingangsphase/Motorik | | | | |
| 2 Feinmotorik/ Gliederungsfähigkeit | | | | |
| 3 Feinmotorik | | | | |
| 4 optisches Differenzieren | | | | |
| 5 Handlungsablauf erkennen/ Sprechverhalten | | | | |
| 6 Mengen erfassen/ Farben benennen | | | | |
| 7 akustisches Gedächtnis | | | | |

## 2.3 Die Einschulung ausländischer Kinder

Lehrer/innen, die eine erste Klasse mit deutschen und ausländischen Kindern unterrichten sollen, müssen viele Schwierigkeiten meistern. Unterschiedliche Lernvoraussetzungen, fehlende deutsche Sprachkenntnisse, fehlender oder unzureichender Kontakt zu den Eltern der ausländischen Kinder sind die Hauptprobleme, die sich der Lehrerin stellen. So bringt z. B. in Bayern der Erlass „Unterricht für ausländische Schüler" vom 23. 3. 1982 für die Erstklasslehrer einige Hilfen. Entscheidende Weichen können schon bei der Einrichtung der ersten Klassen gestellt werden. Nach dem o. g. Erlass ist die Bildung von Regelklassen möglich, in denen deutsche und ausländische Kinder in Fächern wie z. B. Mathematik, Kunst, Musik und Sport gemeinsam unterrichtet werden und auf anderen Gebieten wie Erstleseunterricht, Vermittlung von Grundkenntnissen der deutschen Sprache etc. gesondert gefördert werden. Außerdem können zusätzliche Fördermaßnahmen für beide Schülergruppen angeboten werden.

Mit Hilfe dieser äußeren Differenzierung ist es möglich, dass deutsche und ausländische Kinder ihre Schullaufbahn von vornherein gemeinsam beginnen. Außerdem ist eine Förderung der deutschen wie ausländischen Kinder durch den Unterricht in kleinen Lerngruppen in gleicher Weise gewährleistet. Erreicht wird weiterhin, dass die ausländischen Kinder nicht in eine Außenseiterrolle gedrängt werden.

Positiv für alle ausländischen Kinder sind folgende Aspekte:

- Im Sprachunterricht ist ein gleitender Übergang von der einen in die andere Lerngruppe möglich.
- Die Kinder müssen während der Grundschulzeit keinen Schul- oder Klassenwechsel hinnehmen.
- Ein ausländischer Lehrer sollte für die Kinder, Eltern und für die deutsche Klassenlehrerin erreichbar sein. Das gelingt besser, wenn der muttersprachliche Ergänzungsunterricht in den Vormittagsunterricht integriert wird.

Jeder Lehrerin, die in ihrer neuen ersten Klasse ausländische Kinder haben wird, ist zu raten, mit den ausländischen Kollegen zusammenzuarbeiten. Gibt es solche nicht, werden schon bei den Eintragungen in den Schülerakt die ersten Schwierigkeiten entstehen. Sie werden bei allen Verwaltungsarbeiten ebenso auftreten wie bei den Kontakten mit den Eltern.

Um größeren Problemen aus dem Weg zu gehen, sollte die zukünftige Klassenlehrerin noch vor den Sommerferien mit dem Schulleiter und, wenn vorhanden, mit dem ausländischen Kollegen einige Punkte besprechen:

- Vorbereitung eines Elterninformationsabends vor Schulbeginn
- Formulierung eines mehrsprachigen Einladungsbriefes für den Elternabend
- Gestaltung der ersten Schultage, insbesondere des ersten Schultages
- Möglichkeiten einer gemeinsamen Elternarbeit
- Bestellung von Unterrichtsmaterialien.

***Tipps zur Durchführung eines Elterninformationsabends***

Sehr hilfreich ist es, diesen Abend mit einem ausländischen Kollegen vorzubereiten und durchzuführen.
- Einladung der Erzieherinnen
- Anwesenheit des Schulleiters
- Bereithalten von Informationsmaterial für die ausländischen Eltern
- Schaffung einer entspannten Atmosphäre durch Kaffee und Kuchen.

***Themen zum Elternabend***

- Ziele, Arbeitsweise und Unterrichtsorganisation im ersten Schuljahr
- Zeigen und Besprechen des Schulmaterials (Tipp: Geben Sie bei den Büchereien in Ihrer Stadt Ihre Liste ab, so werden es die Eltern leichter mit der Beschaffung der Materialien haben.)
- Erläuterung der Stunden, die auf der Stundentafel erscheinen (z. B. Sport: Welche Kleidung ist notwendig? Welche Hygienemaßnahmen sollten getroffen werden?)
- Aufzeigen von Unterschieden zwischen dem deutschen Schulsystem und dem der anderen Herkunftsländer (Informationsmaterial zu den verschiedenen Schulsystemen der Herkunftsländer im Vergleich zu den deutschen Schulsystemen ist erhältlich bei der Zentralstelle für Bildungsberatung und Bildungswerbung in 50667 Köln, Minoritenstraße 3:
„Dein Kind kommt bald zur Schule",
„Dein Kind auf dem Weg".)

Nach dem Elternabend ist es besonders für die Lehrerin, die zum ersten Mal ausländische Kinder unterrichtet, ratsam, sich mit ihren Kollegen zusammenzusetzen und sich hier „Erfahrungen" anzuhören.

Für die Anfängerin ist es empfehlenswert, sich schon vor Beginn des Schuljahres Informationen über die einzelnen Kinder zu beschaffen. Wichtig ist es zu wissen, welche Nationalitäten in welcher Anzahl vertreten sind. Weiterhin sollte man herausfinden, ob und wie viele Kinder einen Kindergarten besucht haben und welche Kinder schon Geschwister in der Schule haben.

Im Anfangsunterricht selber muss die Lehrerin berücksichtigen, dass viele ausländische Kinder Sprachdefizite aufholen müssen. Oft müssen sogar grundlegende Voraussetzungen für das selbstständige Arbeiten im Klassenverband geschaffen werden. Dazu gehören das gemeinsame Spiel genauso wie das Erfassen und Umsetzen von Arbeitsanweisungen. Das Arbeiten mit den Materialien (Schere, Klebstoff …) bis hin zu dem Problem des Arbeitens in der Gruppe stellt sich oft als große Schwierigkeit dar.

Für alle Unterrichtsmaterialien gilt: Je anschaulicher und sprachfreier gestaltet, desto besser.

Ein grundsätzliches Ziel ist es, kulturelle und geschichtliche Inhalte der Herkunftsländer im Unterricht einzubeziehen. Genauso sollte den Kindern die besondere Situation der ausländischen Familien bei uns gegenüber der Lebensweise der Familien in den Herkunftsländern aufgezeigt werden.

### Literaturempfehlungen

RAA-Service*

1 Ausländer in Schule und Weiterbildung, eine Dokumentation von Unterrichtsmaterialien mit kurzen Einzelcharakterisierungen.
  Hrsg. Landesinstitut für Curriculumentwicklung, Lehrerfortbildung und Weiterbildung/Materialprojekt
2 Schulanfang mit türkischen Kindern (Unterrichtsvorschläge und Tipps für die ersten 4 Wochen) Hrsg. RAA-Duisburg/Materialprojekt
3 Unterrichtsmaterialien für die Grundschule. Eine Zusammenstellung von Materialien und Lernspielen, nach Lernzielen und Einsatzmöglichkeiten geordnet.
  Hrsg. RAA-Hamm
4 Spielekartei.
  Bewährte Spiele für alle Gelegenheiten des Miteinander-Umgehens und -Lernens mit ausländischen Kindern, Hrsg. Landesinstitut/Materialprojekt
5 Unterrichtseinheiten zum 1. Schuljahr sind in allen RAAs gesammelt.

Alle Materialien sind in den RAAs erhältlich, die Materialien 1, 2 und 4 auch beim Landesinstitut/Materialprojekt.

Eine Auswahl geeigneter Unterrichtsmaterialien und Schulbücher kann in jeder RAA eingesehen werden. Beratung durch die Mitarbeiter der RAA ist möglich.

---

* RAA: Regionale Arbeitsstelle zur Förderung ausländischer Kinder und Jugendlicher, Bergiusstraße 27, 47119 Duisburg

# 3 Der erste Schultag

## 3.1 Vorbemerkungen

Ein gelungener erster Schultag erfordert eine gute Vorbereitung. Ein entspannter, gelassener Anfang der Schulzeit ist leichter, wenn Eltern und Kinder nicht zum ersten Mal in der Schule sind und wenn sie die Lehrerin schon kennen.

Die *Schulanfänger* erwarten „ihren Tag" mit gemischten Gefühlen, wobei die Vorfreude überwiegt. Sie sind gespannt, was sie an diesem und an den weiteren Tagen erleben werden. Der erste Schultag sollte der Höhepunkt sein, der von vorher durchgeführten Schulbesuchen der damaligen Kindergartenkinder vorbereitet wird. Auch das Anschaffen des neuen Schulmaterials, der Schultüte, von Schulkleidung, vielleicht gar eines Schreibtisches, sind Vorboten des Wechsels vom Kindergarten zur Schule.

Darüber hinaus ist der erste Schultag ein Fest wie der Geburtstag, an dem das Kind im Mittelpunkt steht. Aber auch Angstgefühle kommen auf: Kenne ich die Kinder, die mit mir in eine Klasse gehen? Werde ich mit ihnen auskommen? Werde ich „gut" oder „schlecht" sein in der Schule? Wer wird meine Lehrerin sein? Wird sie nett sein? Insbesondere Kinder, die nicht vom Kindergarten auf die Schule vorbereitet wurden, sind von Unsicherheiten, Spannungen und Angstgefühlen bedroht.

Auch für die *Eltern* ist der erste Schultag ihrer Kinder ein Tag voll gemischter Gefühle. Überwiegt der Stolz, dass ihre Kinder nun selbstständig sind, oder befürchten sie die Trennung von ihrem Kind?

Auf der anderen Seite drängen sich Fragen auf wie: Habe ich das Kind zum richtigen Zeitpunkt eingeschult? Wird es den neuen Anforderungen gewachsen sein? Wird es Hilfe brauchen, die ich ihm vielleicht nicht geben kann? Habe ich das Kind gut genug auf die Schule vorbereitet?

Zusätzlich wird das bisher freie Familienleben eingeschränkt. Die Ferien sind nun an die Schulferien gebunden. Der Schulbesuch ist Pflicht, während der Kindergarten noch eine freiwillige Einrichtung war. Die Eltern können sich nicht aussuchen, wer ihr Kind unterrichten wird. Nicht immer werden die Eltern den Lehrern Vertrauen und Offenheit entgegenbringen.

Eine *Lehrerin*, die ein erstes Schuljahr übernimmt, soll sich den Schulanfängern voll zuwenden, um ihnen die Schwellenangst zu nehmen und den Weg in die Schule zu erleichtern. Geduldig soll sie den vielen Fragen der Eltern Rede und Antwort stehen. Weiterhin werden von ihr kompetente und verantwortungsbewusste Entscheidungen verlangt. Gerade am Schulanfang treten immer wieder Problemsituationen auf, die man im Kindergarten noch nicht voraussehen

konnte. Bleibt das Kind in der Schule oder nicht? Das ist eine der schwerwiegendsten Entscheidungen, die die Lehrerin treffen muss, und das in ziemlich kurzer Zeit.

Die Gefühle der Lehrerin sind sicher auch zwiespältig. Auf der einen Seite überwiegt die Freude auf die neue Klasse, das Gespanntsein auf die Kinder. Andererseits wissen – besonders erfahrene – Lehrer, wie viel Geduld, Konzentration und Kraft Kinder am Schulanfang kosten.

Dieses besondere Alter, in dem die Kinder sich nur phasenweise konzentrieren können, erwartet von der Lehrerin eine detaillierte Unterrichtsplanung. Der Anfangsunterricht ist material- und vorbereitungsintensiv.

Eine weitere Schwierigkeit kommt hinzu: Die Lehrerin muss aus einer Gruppe von schulungewohnten Kindern eine Schulklasse formen.

## 3.2 Die Schulaufnahmefeier

Endlich ist es soweit! Die Schulanfänger kommen in die Schule. Vielerorts ist es ein guter Brauch, sie an ihrem ersten Schultag mit einer eigens für sie gestalteten Feier zu begrüßen. Wer könnte sie auch besser willkommen heißen als fröhliche Kinder, die ihnen zeigen, wie schön Schule sein kann.

In der geschmückten Aula erwarten Rektor/in, Lehrkräfte und alle Grundschüler die eintreffenden Schulanfänger mit ihren Eltern. Um Schwellenangst, Lampenfieber, Unsicherheiten und Nervosität bei Eltern und Kindern abzubauen, werden die Ankömmlinge von ihren Paten zu ihren mit Namen versehenen Plätzen begleitet. Dieses Ritual lässt die Schulneulinge spüren, dass sie in eine größere Gemeinschaft mit ihren eigenen Gesetzmäßigkeiten aufgenommen werden. Gleichzeitig ruft diese Feier bei den anderen Schülern die Erinnerung an ihren eigenen ersten Schultag wach.

Das Programm richtet sich nach den vorhandenen Gegebenheiten, also der Größe der Schule und vor allem dem Engagement der Lehrer.

An dieser Stelle möchten wir Ihnen einige Vorschläge zur Gestaltung einer Einschulungsfeier unterbreiten.

### 3.2.1 Lieder

Die ausgewählten Lieder sind vor den Sommerferien einzuüben. Sie werden vom Chor und von der Instrumentalgruppe vorgetragen oder auch gemeinsam mit dem Publikum gesungen.

1. Kommt al - le und freut euch!

Klatscht in die Hän - de! Kommt al - le und

freut euch! Schu - le ist schön!

2. Kommt alle und singet! Dreht euch im Kreise!
   Kommt alle und singet! Schule ist schön!
3. Kommt alle und lachet! Stampft mit den Füßen!
   Kommt alle und lachet! Schule ist schön!

T: Christel Butters
M: mündlich überliefert

1. Wir wol - len lus - tig sin - gen und

fröh - lich rund - um sprin - gen. Leicht

ist das A - B - C, juch - he, juch - he, juch -

he! La, la, la, la, la, la, la,

1. | 2.

la, la, la, la, la,

2. Mit unserm neuen Ranzen
   wir froh und lustig tanzen.
   Leicht ist das Abc,
   juchhe, juchhe, juchhe!
   La, la, la …
3. Auf Wiederseh'n bis morgen,
   wir haben keine Sorgen.
   Bis morgen nun ade,
   juchhe, juchhe, juchhe!
   La, la, la …

T und M: Hans Löffler
Aus: Die Scholle. Heft 6, Prögel-Verlag Juni 1968.

Könnt ihr in die Hän - de klat - schen,

seht doch ein - mal her: ( ×  × )!

Ein - mal klat - schen, ein - mal pat - schen,

das ist doch nicht schwer!

Dazu auf Stabspielen:

3x

2. Könnt ihr mit den Füßen stampfen,
   seht doch einmal her! –
   Stampfen bis die Schuhe dampfen,
   das ist doch nicht schwer.
3. Könnt ihr wie die Fliegen summen,
   hört doch einmal her! –
   Oder wie die Bienen brummen,
   das ist doch nicht schwer.
4. Könnt ihr wie der Sturmwind brausen,
   hört doch einmal her! –
   Lasst den Wind nur kräftig sausen,
   das ist doch nicht schwer!
5. Könnt ihr auch ganz still zuhören?
   Das ist wirklich schwer! –
   Wenn ihr alle leise seid,
   dann hört – man – gar – nichts – – mehr!

Aus: Die Grundschulzeitschrift 15/1988. Seelze: Friedrich Verlag

Triangel
Gitarre
Flöte
Glocken-spiel
Xylophon

Triangel
Gitarre

1. Nun seid will - kom - men, Groß___ und Klein! Ein

Schul - jahr___ neu be - ginnt, und an die___ Ar - beit,

froh be - schwingt, macht sich___ ein je - des Kind.

2. Ganz frisch erholt, so kehren wir, zur Schule heut
zurück und wünschen allen hier im Haus Erfolg,
viel Freud' und Glück.

3. Besonders herzlich grüßen wir die neue Schüler-
schar. Von heut an nehmen wir sie auf in unsren
Kreis fürwahr.

4. Den Eltern nun gilt unser Gruß, die heut an diesem
Tag sich wünschen, dass des Kindes Weg wohl
gut gelingen mag.

Aus: Feste und Feiern im Jahreskreis. Kantaten für die Grundschule. Eichstätt: Jubilate-Verlag 1991.

## 3.2.2 Gedichte

Grundschüler tragen humorvolle oder belehrende Gedichte zum Schulanfang vor. Eine nachahmenswerte Alternative ist ein Dichterwettbewerb in den letzten Schulwochen vor den großen Ferien mit dem Thema: Wir dichten für die Schulaufnahmefeier. Der größte Preis für die Sieger ist der persönliche Vortrag ihres Gedichtes. Dabei entstanden an unserer Schule folgende Gedichte:

● **Liebe Schule!**

Liebe Schule, ich wünsch dich schon so her,
ich mag nun keinen Kindergarten mehr.
Lass mich kommen mit dem Schulbus,
oder ich gehe auch zu Fuß.

Seit Wochen denk ich nur an dich
und viel zu wenig noch an mich.
Ich bin total auf die Schule gespannt
und kauf mir dafür ein neues Gewand.

Aus dem Kindergarten komm ich nun raus,
dafür darf ich nun in das Schulhaus.
Zwar kenn ich die Lehrer noch nicht gut,
aber ich habe doch ein bisschen Mut.

Ich bin ja noch so klein,
doch in die Erstklässlerbank pass ich locker rein.
Vor lauter Aufregung bin ich nun hier,
alles ist so neu vor mir:
Die Tafel, der Tisch, alles ist so groß,
doch ich mach längst nicht mehr in die Hos'.

Der Gong – ich denk, es ist schon alles aus!
„Nein", ruft die Lehrerin, „nun packen wir die Tasche erst aus."

Eins, zwei, drei und vier!
Nun bin ich endlich hier!
Vier, fünf, sechs und sieben!
Ich bin nicht im Kindergarten geblieben!
Acht, neun und zehn!
Ich will doch endlich in die Schule gehn.

Wir ziehen durch die Welt,
es ist so lustig, dass es uns gefällt.
Doch heute kommen wir in die Schule rein,
aber da wird es bestimmt auch lustig sein.

● 1. Kind: Zum ersten Mal, ihr kleinen Leute,
geht ihr zur großen Schule heute.
2. Kind: Seid nicht verzagt, freut euch wie wir
in diesem schönen Hause hier.
3. Kind: Da lernt ihr rechnen, lesen, schreiben,
dürft euch auch froh die Zeit vertreiben
mit Malen, Kneten, Formen, Singen,
im Schulhof dürft ihr lustig springen.
4. Kind: Doch keiner soll ein Faulpelz sein;
ihr seid ja jetzt auch nicht mehr klein.
Nun heißt es oftmals stille sitzen
und immer fein die Ohren spitzen.
5. Kind: Doch heut' an eurem ersten Tag
da gibt's für euch noch keine Plag'.

6. Kind: Er sei für euch ein frohes Fest!
Wir feiern ihn aufs allerbest.
7. Kind: Lasst uns ein lustig Liedchen singen
und rund herum im Kreise springen!
8. Kind: Die Schul' ist heute schon bald aus,
dann dürft ihr springen froh nach Haus.
9. Kind: Drum sagen wir auf Wiederseh'n.
Denn in der Schule ist es schön.

Hans Löffler

Aus: Die Scholle. Heft 6, Prögel-Verlag Juni 1968

● Ihr seid noch nicht groß, ihr seid noch klein,
heute dürft ihr zum ersten Mal in die Schule hinein.
Habt keine Angst, freut euch wie wir
in diesem schönen Hause hier.
Ihr lernt da lesen, schreiben, rechnen
und viele andre Sachen,
die euch bestimmt Freude machen.
Mit viel Saus und Braus
dürft ihr in die Pause hinaus.
Tobt euch nur auf dem Schulhof aus,
denn die Pause ist bald wieder aus.
Nun müsst ihr wieder eure Ohren spitzen
und dabei recht stille sitzen.
Faulpelze darf es keine geben,
denn die lernen nichts für ihr Leben.
Doch heut an eurem ersten Tag
da gibt's für euch noch keine Plag.
Dieser Tag sei für euch ein Fest,
wir wünschen euch das Allerbest.

Eigenproduktion

## 3.2.3 Stegreifspiele

Bei der Auswahl der Programmpunkte, besonders bei den Theaterstücken, ist darauf zu achten, dass die Feier insgesamt in einem überschaubaren zeitlichen Rahmen bleiben soll. Ansonsten besteht die Gefahr, die Neuanfänger in ihrer Konzentration, Aufnahmebereitschaft und in ihrem natürlichen Bewegungsdrang zu überfordern.

## 3.2.4 Kurze Theaterstücke

● *Kasper, das kannst du nicht*
Zum Schulbeginn stellt sich auch Kasper in der Schule ein und will den Kindern weismachen, dass er alles kann, ohne etwas gelernt zu haben und dass auch für sie, die Kinder, lernen unnütz sei.
Die Kinder kommen schnell dahinter, dass der Kasper nichts kann und überzeugen ihn, dass auch für ihn das Lernen Nutzen bringt. Darauf setzt sich der Kasper zu den Kindern als ihr Mitschüler.

Elfriede Maier: Kasper, das kannst du nicht. Weinheim, o.J.

● *In der Schule ist für jeden Platz*
Fünf kurze Spiele für und über Schulanfänger, kleine Alltagsgeschichten von Kindern, die „reif" sind für die Schule, gespannt bis aufgeregt vor dem 1. Schultag einschlafen, und solchen, die schon richtig „abgebrüht" sind. Kleine Mutmacher von den ein bisschen Größeren für sie zur Begrüßung und Unterhaltung zu spielen.
Hier gibt es beste Möglichkeiten, auch Puppen, Sachmarionetten, Schatten- und Maskenspiel auszuprobieren!

Christa Wege: In der Schule ist für jeden Platz. Krailling vor München: Buchner-Verlag, o. J.

● *Wir wollen in die Schule gehn!*
Verschiedene Berufe stellen sich vor und erzählen den Kindern, dass sie ihr Wissen aus der Schule haben.

Rolf Krenzer: Wir wollen in die Schule gehn! München, o. J.

● *So geht es in der Schule zu*
Eine ganze Klasse stellt einen Schulvormittag mit seinen verschiedenen Fächern vor.

Rolf Krenzer: s. o.

● *Der kleine Prinz – Spielstück mit Schattenfiguren und Musik*
In einer Schulaufnahmefeier sollten neben Fröhlichkeit, Freude am Mitgestalten, geselligem Beisammensein und Spaß besinnliche Elemente nicht fehlen. Mit einem Ausschnitt aus „Der kleine Prinz" von Antoine de Saint-Exupéry haben wir versucht, einen nachdenklichen Aspekt in die Feier einzubringen. Prinz, Schlange, Blume und Fuchs werden als Schattenfiguren dargestellt und von Viertklässlern gesprochen. Der Erzähler steht etwas abseits des Bühnenbildes, jedoch noch vom Zuschauerraum aus erkennbar. Während der Erzähler spricht, läuft im Hintergrund meditative Musik. Sobald die Figuren agieren, endet die Musik und das Publikum konzentriert sich nur auf die Dialoge des Prinzen mit der Schlange, der Blume und dem Fuchs als Höhepunkt. Die Aussage des Schattenspiels bedarf gerade für Schulanfänger einer Nachbesprechung. Dazu ist sicher in den ersten Schulwochen Zeit, um das Thema „Freunde finden und mit dem Herzen sehen" (vgl. Prinz/Fuchs) noch einmal aufzugreifen.

Die folgenden Musikstücke eignen sich als Hintergrundmusik:

Sich öffnen für Gott – Meditative Musik (MC)
Bestelladresse: Seelsorgeamt
                Niedermünstergasse 1
                93047 Regensburg
                Telefon 09 41/56 99-1 60

Gheorghe Zamfir: Die goldene Panflöte.
Philips, MC-Nr. 7521008

Sweet People: Swimmer Dream.
Polydor, Best.Nr. 831 213-2
Glockengießerwall 3
20095 Hamburg

Wege zur inneren Ruhe.
WEA, Best.Nr. 063013731-2
Arndtstraße 16
Postfach 761260
22062 Hamburg

Phil Coutter: Serenity.
Polydor, Best.Nr. 835156-2
s. Polydor

Music for Relaxion.
SKILL MEDIA, Best.Nr. CD 820
Alte Hasselbacher Str. 3
74924 Neckarbischofsheim

Rubinstein: Dawn Melodies.
SKILL MEDIA, Best.Nr. CD 867
s. SKILL MEDIA

Molzahn: Moondance.
SKILL MEDIA, Best.Nr. CD 844
s. SKILL MEDIA

| | |
|---|---|
| Erzähler: | Es war einmal ein kleiner Prinz, der lebte auf einem winzigen Planeten, weit weg von uns. Eines Tages trat er eine lange Reise an. So kam es, dass er auch unsere Erde besuchte. Am Anfang wunderte er sich, weil er niemanden sah. Er hatte schon Angst, sich im Planeten geirrt zu haben. Da bewegte sich etwas im Sand. |
| Prinz: | Gute Nacht. |
| Schlange: | Gute Nacht. |
| P: | Auf welchen Planeten bin ich gefallen? |
| Sch: | Auf die Erde, du bist in Afrika. |
| P: | Ach, ja, ist denn niemand auf der Erde? |
| Sch: | Doch, du bist in der Wüste. Da ist niemand; aber die Erde ist groß. |
| P: | Wo sind denn die Menschen? Man ist ja ein bisschen einsam in der Wüste. |
| Sch: | Man ist auch bei den Menschen einsam. |
| E: | Die Schlange und der kleine Prinz unterhielten sich noch länger. Die Schlange versprach, dem Prinzen zu helfen, wenn er wieder auf seinen Planeten zurückkehren wolle.<br>Bei seinem Marsch durch die Wüste begegnete er einer kleinen Blume. |
| P: | Guten Tag. |
| Blume: | Guten Tag. |
| P: | Wo sind die Menschen? |
| B: | Die Menschen? Es gibt, glaube ich, sechs |

oder sieben. Ich habe sie vor Jahren gesehen. Man weiß nie, wo sie zu finden sind. Der Wind verweht sie, weil sie keine Wurzeln haben.

P: Adieu.

B: Adieu.

E: Lange wanderte der Prinz über Felsen, Sand und Schnee, bis er endlich eine Straße entdeckte. In der Nähe war ein blühender Rosengarten. Da dachte er an seine Rose auf seinem Planeten, legte sich ins Gras und weinte. In diesem Augenblick erschien der Fuchs.

P: Wer bist du? Du bist sehr hübsch.

Fuchs: Ich bin ein Fuchs.

P: Komm, spiel mit mir, ich bin so traurig.

F: Ich kann nicht mit dir spielen. Ich bin noch nicht gezähmt.

P: Oh, Verzeihung. Was bedeutet „zähmen"?

F: Du bist nicht von hier! Was suchst du denn?

P: Ich suche die Menschen. Ich suche Freunde. Sag, was bedeutet „zähmen"?

F: Zähmen, das bedeutet, sich „vertraut machen".

P: Erkläre mir das genauer, bitte, lieber Fuchs!

F: Hör gut zu! Noch bist du nur ein kleiner Junge, von denen es hunderttausend gibt. Ich brauche dich nicht. Ich bin ein kleiner Fuchs, von denen es auch Hunderttausende gibt. Du brauchst mich nicht. Aber wenn du mich zähmst, dann werden wir einander brauchen. Du bist dann für mich einzig in der Welt und ich bin für dich einzig in der Welt.

P: Ach, ich beginne zu verstehen.

E: Der kleine Prinz erzählte dem Fuchs von seinem Planeten und der Fuchs erzählte dem Prinzen von seinem Leben. Dann sagte er:

F: Bitte zähme mich.

P: Ich möchte wohl, aber ich muss Freunde finden und viele Dinge kennen lernen. Ich habe wenig Zeit.

F: Man kennt nur Dinge, die man zähmt. Die Menschen haben keine Zeit mehr, irgendetwas kennen zu lernen. Sie kaufen alles in Geschäften. Aber Freunde findet man dort nicht. Wenn du Freunde willst, musst du mich zähmen.

E: So begann der kleine Prinz, den Fuchs zu zähmen. Als die Stunde des Abschieds gekommen war, musste der Fuchs weinen. Doch zum Abschied schenkte der Fuchs dem kleinen Prinzen ein Geheimnis.

F: Adieu – und das merke dir: Man sieht nur mit dem Herzen gut. Das Wesentliche ist für die Augen unsichtbar. Vergiss es nicht: Du bist zeitlebens für das verantwortlich, was du dir vertraut gemacht hast. Die Menschen haben das vergessen.

E: Der kleine Prinz reiste weiter und dachte immer wieder an die Worte seines Freundes, dem Fuchs.

Nach: Antoine de Saint-Exupéry: Der kleine Prinz. Düsseldorf: Karl Rauch Verlag, 44. Auflage 1991

### 3.2.5 Tanzspiel

*Tanzspiel mit Schultüten*

Gebraucht werden: zwölf oder mehr Kinder zum Vortanzen und Vorspielen sowie sechs rote und sechs blaue Schultüten. Eine Marschmelodie wird von Kassette oder Platte abgespielt.

Einzug: Schultüten im linken Arm, mit der rechten Hand winken. Die Schultüten in abwechselnder Farbe. Die Tänzer mit den roten Tüten stellen sich in einer Reihe gegenüber von den Tänzern mit den blauen Tüten auf.

1. Tanzfigur: Die Tanzpaare gehen einander entgegen, heben ihre Schultüten und berühren einander damit; danach drei oder mehr Schritte rückwärts. (dreimal)

2. Tanzfigur: Die Paare gehen einander entgegen, hängen sich am rechten Arm ein und drehen sich; loslassen, Tüte in den anderen Arm wechseln, mit dem anderen Arm einhängen und drehen.

3. Tanzfigur: Kreis bilden (wechselweise Kind mit roter und Kind mit blauer Schultüte), rechte Hand auf die Schulter des Nachbarn legen – links- und rechtsherum dreht sich der Kreis.

4. Tanzfigur: Die Tänzer stehen im Kreis, die Tüte mit beiden Händen haltend. Rhythmisches Weitergeben der Tüten im Kreis – zuerst rechts, dann links herum.

5. Tanzfigur: Die Tüten werden mit der Spitze nach oben auf den Boden gestellt. Die Tänzer hüpfen mit einem Bein im Kreis herum, zunächst links, dann rechts um die Tüten herum.

6. Tanzfigur: Alle Tüten mit der Spitze nach oben halten und so aufeinander zugehen, dass eine einzige große Spitze in der Mitte entsteht.

7. Tanzfigur: Abschluss – wie beim Einzug in abwechselnder Farbenfolge hintereinander oder paarweise die Spielfläche verlassen, wobei mit der freien Hand gewunken wird.

Neue Tanzfiguren lassen sich unschwer dazuerfinden, wenn das Tanzspiel länger dauern soll.

Aus: Walter Frenzl: Zuckertüte, Niederzier: Rüdiger Kohl Verlag 1990

### 3.2.6 Weitere Ideen zum Schulanfang

Neben Liedern, Gedichten und Spielen kann man den ersten Schultag durch kleine Präsente berei-chern, die von den Grundschülern für die Schulan-fänger gebastelt wurden:

– Willkommensurkunde mit Namen und Datum

*Willkommensurkunde*

*Buttons*

- Buttons
- Umwelttaschen mit Schulmotiv
- T-Shirts mit dem Schulemblem
- Orden aus Bierdeckeln, die mit Glanzpapier beklebt und mit passendem Aufdruck versehen werden

Den Abschluss der Feier bildet die Ansprache der Rektorin oder des Rektors an die Neulinge. Es ist wohl selbstverständlich, dass hier weder die Schulhausordnung vorgetragen wird, noch die bevorstehende Schullaufbahn ins Gespräch gebracht wird. Große Worte über Pflicht und Ernst kommen bei den Kindern sicher weniger gut an als eine humorvolle und witzige *kurze* Rede.

Mit den vorgestellten Planungsideen können Sie sicher einen abwechslungsreichen und für die Kinder entspannten Schulbeginn präsentieren.

Nach Abschluss der Schulaufnahmefeier ruft der Rektor die Kinder der ersten Klassen namentlich auf und teilt ihnen mit, welche Lehrerin sie durch das Schuljahr führt. Danach begeben sich Eltern und Kinder in die vorgesehenen Klassenräume, in denen die Lehrerinnen sie schon erwarten. Durch den intensiven Kontakt mit der Lehrerin vor dem ersten Schultag werden die Schüler den Raum angstfrei betreten und sich auch ohne Eltern darin wohl fühlen. Jetzt haben die Eltern die Möglichkeit, ihre Kinder beim ersten Schulbesuch zu fotografieren.

Während die Neulinge ihre erste Schulstunde erleben, erfrischen sich die Eltern in einer Cafeteria. Unter Mithilfe des Elternbeirates oder der größeren Schüler werden hier Kaffee und Kuchen angeboten. In dieser lockeren Atmosphäre lässt die Anspannung nach, die ersten Kontakte untereinander werden geknüpft. Es ist selbstverständlich, dass in dieser Zeit die Schulleitung zur Beantwortung von Fragen zur Verfügung steht.

Nach einer vereinbarten Zeit (ca. 1 Stunde) holen die Eltern ihr Kind im Schulzimmer ab. Gemeinsam gehen Eltern, Kinder und Lehrer in den Pausenhof oder in die geschmückte Aula. Dort erwartet sie der vorher bestellte Fotograf, um das erste Klassenfoto mit Lehrerin zu machen.

## 3.3 Die erste Unterrichtsstunde

Wenn die Schulkinder mit ihren Eltern das Klassenzimmer betreten, gibt die Lehrerin jedem Kind die Hand. Freundliche Worte wie *„Herzlich willkommen"*, *„Einen schönen Schulanfang"*, *„Ich freue mich, dass du zu mir in die Klasse kommst"* schaffen eine lockere, entspannte Atmosphäre. Danach gehen die Kinder zu einem Tisch, auf dem die von der Lehrerin angefertigten Namenskärtchen liegen. Sie nehmen mit oder ohne Lehrerhilfe ihr Schild und suchen sich dann einen Platz nach freier Wahl. Die Lehrerin sollte sich hier möglichst im Hintergrund halten. Sitzplatzkorrekturen werden mit Rücksicht auf die Psyche der Kinder erst zu einem späteren Zeitpunkt vorgenommen. Wenn alle Kinder sitzen, können die Eltern diese Situation fotografieren. Danach verlassen sie das Klassenzimmer.

Nun ist der wichtige Augenblick gekommen, bei dem sich die Kinder und die Lehrerin das erste Mal allein gegenüberstehen. Dieser Moment ist nicht nur für die Lernanfänger, sondern auch für die Lehrerin aufregend und von entscheidender Bedeutung. Viele Kinderaugen schauen erwartungsvoll und gespannt auf die vor ihnen stehende Person. Gestik, Mimik, Sprache und Auftreten der Lehrerin sind in diesem Moment entscheidend. Wenn eine effektive Lehrer-Schüler-Interaktion entstehen soll, muss eine Brücke zwischen Lehrendem und Lernenden errichtet werden. Schon vom ersten Schultag an werden die Weichen für eine gelungene und angstfreie Schüler-Lehrer-Beziehung gestellt, was auch für das spätere Lernen ein sehr wesentlicher Punkt ist.

Folgende Starthilfen können zu einem gelungenen ersten Schultag beitragen. Selbstverständlich kann die Lehrerin in Anbetracht der knappen Zeit nur wenige der aufgeführten Beispiele auswählen. Sie sollte sich nur für die Ideen entscheiden, die ihrer Persönlichkeit entsprechen.

### 3.3.1 Die Handpuppe

Bei der Begrüßung im Klassenverband kann eine Handpuppe sehr hilfreich sein, um eine Atmosphäre des Vertrauens, der Sicherheit und Geborgenheit herzustellen. Bei der Auswahl ist zu bedenken, dass man mit Puppen, die negatives Verhalten verkörpern, bei den Kindern oft Aggressionen hervorlockt. Außerdem sollte es eine Figur sein, die nicht nur ab und zu erscheint, sondern von nun an ständiger Begleiter der Kinder ist. In unserem Fall ist es die Stabpuppe Amo.

Amo

*Für die Lehrerin* ist die Puppe ein wichtiges, motivierendes Element des Unterrichts, das immer wieder die Erschließung auch schwieriger Sachverhalte erleichtert. Sobald mit der Handpuppe gearbeitet wird, lenkt die Lehrerin die Konzentration der Kinder von ihrer Person weg. Ist sie auch noch in der Lage, ihre Stimme zu verstellen, so hängen die Augen der Kinder gebannt an der Puppe. Sie identifizieren sich damit, die Lehrerzentriertheit wird aufgelockert.

Die Auftritte einer Handpuppe verlangen von der Lehrerin eine hohe Bereitschaft an Einfühlungsvermögen. Sie versetzt sich in die Gefühlswelt der Kinder. Der spielerische Umgang mit der Handpuppe vertieft eigenes Fühlen und Denken. Sie verkörpert die Ängste, Aggressionen und Wünsche der Kinder.

Der Einsatz der Puppe erhöht bei jedem Kind Konzentration und Motivation. Die Puppe gehört zu ihnen. Ihr kann man alle Nöte und Sorgen erzählen, man muss ihr aber in schwierigen Situationen helfen. Vom pädagogischen Geschick der Lehrerin hängt es ab, inwieweit sich die Kinder mit der Puppe identifizieren.

### 3.3.2 Kennenlernspiele

„Dazu ist die Schule da, damit das Kind die anderen finde." Dieses Zitat von A. Schlatter (1932) berührt sicherlich die soziale Seite des Lernens in der Schule. Hier wird die Erfahrung vermittelt, dass man Mitschüler hat, die man näher kennen lernen kann; dass man sich beachtet, gemeinsam plant und lernt. Es ist selbstverständlich, dass Kinder im Grundschulalter am leichtesten im Spiel lernen.

So genannte Kennenlernspiele können sehr zum Gelingen der ersten Unterrichtsstunde beitragen und beanspruchen den Lernenden als ganze Person, seine Gedanken, Gefühle und seine Neugier.

Um zu „spielen" wechseln die Kinder von der frontalen Sitzordnung zum Stuhlkreis, der ihnen vom Kindergarten her schon bekannt ist. Damit der Kreis auch kreisförmig bleibt, helfen farbige Klebestreifen am Boden, die eine sichtbare Grenze darstellen. Diese darf vom Schülerstuhl nicht überschritten werden.

Schon den ersten Stuhlkreis sollte die Lehrerin nutzen, um Grundlegendes über das „Stuhltragen" zu erzählen. Damit die Kinder jeder Verletzungsgefahr aus dem Weg gehen, tragen sie ihren Stuhl vor dem Bauch und kommen reihenweise nach vorn. Sitzen alle Kinder, werden zunächst Spiele zur Namenseinprägung gespielt:

● Weißt du, wer das ist?

Die Kinder sitzen im Sitzkreis. Die Lehrerin beginnt das Spiel, damit die Kinder die Spielregeln gleich richtig verstehen. Sie beschreibt einen Schüler: „Wer ist das? Er hat eine Jeans an. Er trägt weiße Turnschuhe …". Errät ein Kind den Namen, so darf es das nächste Rätsel stellen.

● Ich sitze im Grünen und liebe …

Die Kinder sitzen im Kreis (ein Stuhl zu viel). Ein Kind beginnt und sagt: „Ich sitze", das daneben sitzende Kind fährt fort: „im Grünen", das sich anschließende Kind vollendet den Spruch, indem es sagt: „und liebe … Tanja". Wichtig bei diesem Spiel ist es, dass jedes Kind, das einen Teil des Spruches ausgesprochen hat, einen Stuhl weiterrückt. Auf den entstehenden freien Platz setzt sich das Kind, welches im Spruch genannt wurde. Jetzt ist an anderer Stelle wieder ein Platz frei. Dort beginnt das Spiel von vorn.

● Ich trinke gern Orangensaft – und du?

Dieses Kennenlernspiel macht den Kindern erfahrungsgemäß viel Spaß. Die Lehrerin setzt sich in den Stuhlkreis, dabei hält sie ein Glas in der Hand und sagt: „Ich heiße … und trinke gern Tee." Sie gibt das Glas weiter und fragt: „Wie heißt du und was trinkst du gern?" Das Glas geht nun im Gesprächswechsel herum. Jedes Kind stellt nun sich und sein Lieblingsgetränk vor.

Varianten:
Ich esse gern … – und du? Ich spiele gern … – und du?

● Ich heiße … – und du?

Die Kinder sitzen im Kreis. Die Lehrerin spielt auf einem Musikinstrument (Gitarre, Flöte …). Es kann auch ein Kassettenrekorder eingesetzt werden. Ein Kind erhält einen Ball und geht im Kreis herum. Wenn die Musik aufhört, bleibt es vor einem anderen Kind stehen und wirft ihm den Ball zu. Dabei spricht es: „Ich heiße … – und du?" Das andere Kind nennt seinen Namen, nimmt den Ball, das Spiel geht weiter.

### 3.3.3 Gemeinschaftsfördernde Spiele

Neben dem Kennenlernen der einzelnen Kinder durch kleine Spiele ist es von Anfang an wichtig, die Klassengemeinschaft aufzubauen und zu fördern. Dies kann außer durch methodisch überlegtes Einplanen von Sozialformen sowie speziell ausgewählten Heimat- und Sachkunde-Themen auch durch Spiele ermöglicht werden. Folgende Beispiele haben sich im Unterrichtsalltag gut bewährt:

● Das Farbenspiel

Alle Kinder gehen durch den Raum. Die Lehrerin nennt eine Farbe. Die Kinder, die sich begegnen, berühren sich gleichzeitig, sofern das Gegenüber ein Kleidungsstück mit der genannten Farbe trägt. Man kann auch festlegen, dass bei der Berührung etwas gefragt werden muss oder dass man in einer bestimmten Zeit möglichst viele Kinder berührt haben sollte.

● Das Eckenspiel

Unter dem Motto: Alle Kinder, die eine Katze haben, treffen sich in der rechten Ecke. Erzählt euch, welche Namen die Tiere haben! Alle Kinder, die Angst vor Hunden haben, treffen sich in der linken Ecke und erzählen sich, warum sie sich fürchten. Dies sind nur zwei Beispiele, die Sie sicher ideenreich fortführen können.

● Das Rückenratespiel

Jedes Kind bekommt auf den Rücken ein Klebeetikett mit einem Bild (Tier, Pflanze, Person) geklebt. Durch Fragen soll es nun herausfinden, was auf seinem Etikett dargestellt ist. Geantwortet werden darf nur mit „Ja" oder „Nein". Gut geeignet sind auch große Bildkarten, die man an Schnüren befestigt und dann über den Rücken hängt.

● Die Zeitungsinsel

Drei Kinder tanzen so miteinander, dass eine ausgebreitete Zeitung zwischen ihnen nicht auf den Boden fällt. Bei Musikabbruch breiten sie ganz schnell ihre Zeitung aus und stellen sich darauf, ohne sie zu zerreißen.

### 3.3.4 Lieder zum Auflockern

Lieder treffen in hohem Maß die emotionale Seite der Kinder. Das Singen am ersten Schultag dient als Auflockerung, Ergänzung und Verdichtung des gesprochenen Wortes.

Um die angespannte Atmosphäre zu lockern und dem Bewegungsdrang der Schüler gerecht zu werden, sind Lieder angebracht, die zu Bewegungen anhalten und auffordern, mitzumachen.

Schön ist es, wenn die Kinder ein Lied lernen und es hinterher den Eltern vorstellen. „Bewegungslieder" haben den großen Vorteil, dass *alle* Kinder mitmachen können und Freude am ersten Schultag gewinnen.

1. Ich bin so gern bei dir!
   Ich bin so gern bei dir!
   Drum gehe ich jetzt auf dich zu,
   dann bist du nah' bei mir,
   dann bist du nah' bei mir.
2. Ich geb' dir meine Hand.
   Ich geb' dir meine Hand.
   Und wenn wir zwei zusammen stehn,
   dann sind wir gleich bekannt,
   dann sind wir gleich bekannt.
3. Ich geb' dir meinen Arm.
   Ich geb' dir meinen Arm.
   Und wenn wir zwei zusammen gehn,
   dann wird es mir ganz warm,
   dann wird es mir ganz warm.
4. Komm, leg' den Arm um mich!
   Komm, leg' den Arm um mich!
   Und wenn wir zwei zusammen gehn,
   weißt du, dann freu' ich mich,
   weißt du, dann freu' ich mich!
5. So tanze ich mit dir.
   Uns so tanzt du mit mir.
   Und alle Leute, die das sehn,
   die machen's so wie wir,
   die machen's so wie wir!

Zwei Kinder stehen sich gegenüber (bilden ein Paar)
1. Strophe: Die beiden Kinder gehen mit offenen Armen aufeinander zu und bleiben beieinander stehen.
2. Strophe: Sie fassen sich mit beiden Händen an und singen dazu.
3. Strophe: Sie „haken sich ein" wie die Erwachsenen und gehen auf der Kreisbahn.
4. Strophe: Sie legen den Arm um die Schulter des anderen und gehen auf der Kreisbahn.
5. Strophe: Sie fassen sich mit beiden Händen an und hüpfen im Kreis herum.

T: Rolf Krenzer
M: Ludger Edelkötter
Aus: Hildegund und Edgar Weigert: Schuleingangsphase. Weinheim: Beltz Verlag, 4. Aufl. 1995

1. Wenn ich glücklich bin, weißt du

was? Ja, dann hüpf ich wie ein

Laub-frosch durch das Gras.

Sol - che Sa - chen kom - men

mir so in den Sinn, wenn ich

glücklich bin, glücklich bin.

2. Wenn ich wütend bin, sag ich dir,
   ja, dann stampf und brüll ich wie ein wilder Stier.
   Solche Sachen kommen mir so in den Sinn,
   wenn ich wütend bin, wütend bin.

3. Wenn ich albern bin, fällt mir ein,
   ja, dann quiek ich manchmal wie ein kleines
   Schwein.
   Solche Sachen kommen mir so in den Sinn,
   wenn ich albern bin, albern bin.

4. Wenn ich traurig bin, stell dir vor,
   ja, dann heul ich wie ein Hofhund vor dem Tor.
   Solche Sachen kommen mir so in den Sinn,
   wenn ich traurig bin, traurig bin.

5. Wenn ich fröhlich bin, hör mal zu,
   ja, dann pfeif ich wie ein bunter Kakadu.
   Solche Sachen kommen mir so in den Sinn,
   wenn ich fröhlich bin, fröhlich bin.

Für die Adjektive werden Bewegungen vereinbart,
z. B.

glücklich = klatschen
wütend   = mit den Füßen aufstampfen
albern   = hi, hi, hi kichern
traurig  = stumm bleiben mit traurigem Blick
fröhlich = 1 x in die Höhe hüpfen

Diese Bewegungen werden in den Pausen aus-
geführt, d. h.

| | |
|---|---|
| Wenn ich glücklich bin | (3 x klatschen) |
| weißt du was? | (3 x klatschen, Pause) |
| Ja, dann hüpf ich wie ein | |
| Laubfrosch durch das Gras. | (3 x klatschen, Pause) |
| Solche Sachen kommen | |
| mir nur in den Sinn | (3 x klatschen) |
| wenn ich glücklich bin | (3 x klatschen) |
| glücklich bin | (3 x klatschen, Pause) |

Aus: Hildegund und Edgar Weigert: Schuleingangsphase.
Weinheim: Beltz, 4. Aufl. 1995

### 3.3.5 Fingerspiele

Möchte man in der ersten Unterrichtsstunde mit den
Kindern etwas erarbeiten, um es danach den Eltern
vorzuführen, bieten sich Fingerspiele besonders gut
an.

Finger- und Rätselspiele gehören zu unserem alten
Kulturgut. Vieles wurde überliefert, durch Weitersa-
gen und Aufschreiben auch vielfach variiert. Fingerspiele bereichern das Leben der Kinder und tragen
dazu bei, das Lernen kindgemäß, lustig, interessant
und somit auch effektiv zu gestalten. Im Unterricht
dienen sie als Auflockerungsmittel in zweifacher Hin-
sicht:

1. ... lockern sie den Unterricht auf. Die Konzentra-
   tionsphasen sind für die Kinder nicht so lang,
   wenn sie zwischendurch ein Fingerspiel gestalten
   dürfen.

2. ... gelten sie als Mittel der Auflockerung im
   wahrsten Sinne des Wortes nach längeren
   Schreibphasen. Die Kinder verkrampfen sich
   nicht; müden, „schmerzenden" Fingern tut eine
   Erholungsphase in Form eines Fingerspiels gut.
   Regelmäßig durchgeführt, sind sie eine wertvolle
   Hilfe im motorischen Bereich.

Neben der Freude an der Bewegung, der Darstellung
der Umwelt, der Vermittlung von Kenntnissen und
Fertigkeiten schulen die Fingerspiele auch soziales
Verhalten und fördern die Kreativität des Kindes. Es
ist daher genauso wichtig, neue Spiele mit den Kindern auszudenken wie Spiele nachzuahmen.

## ● Die Finger

| | |
|---|---|
| Meine Hand hat viele Finger, | *Die rechte Hand zeigen.* |
| lauter lust'ge kleine Dinger: | *Die Finger zappeln lassen.* |
| Daumen heißt der dicke Mann, | *Entsprechend dem Text die einzelnen Finger* |
| Zeigefinger folgt ihm dann. | *der rechten Hand mit dem Zeigefinger der* |
| Mittelfinger ist recht groß. | *linken Hand berühren (Abb.).* |
| Dieser trägt ein Ringlein bloß. | |
| Und der kleinste kommt zuletzt. | |
| Zählen wir die Finger jetzt: | |
| eins, | *Den Daumen der rechten Hand berühren.* |
|    zwei, | *Den Zeigefinger berühren.* |
|       drei, | *Den Mittelfinger berühren.* |
|          Ringfinger vier, | *Den Ringfinger berühren.* |
| fünf ist dieser kleine hier. | *Den kleinen Finger berühren.* |
| | |
| Darum hat die Hand fünf Finger, | *Die rechte Hand zeigen.* |
| lauter lust'ge kleine Dinger. | *Die Finger zappeln lassen.* |

---

## ● Verstecken

| | |
|---|---|
| Rechte Hand will sich verstecken. | *Rechte Hand in die Tasche oder zwischen die* |
| | *Falten des Rockes oder unter den Pullover* |
| | *stecken.* |
| Linke sucht in allen Ecken, | *Linke, senkrecht hochgestellte Hand nach* |
| kann sie nirgends sehn. | *allen Richtungen bewegen und drehen.* |
| Kleiner Finger hält's nicht aus, | *Den rechten kleinen Finger etwas aus dem* |
| schaut aus dem Versteck heraus. | *Versteck heraussehen lassen (Abb.).* |
| Das ist gar nicht schön! | |
| Kommt gelaufen linke Hand, | *Die linke Hand vor dem rechten kleinen* |
| und natürlich sie ihn fand, | *Finger aufstellen.* |
| lacht und bleibt gleich stehn: | |
| Komm heraus, du rechte Hand, | *Rechte Hand aus dem Versteck ziehen.* |
| linke ja schon längst dich fand. | |
| Lass uns weitergehn! | *Beide Hände senkrecht aufstellen, neben-* |
| | *einander schrittweise nach links bewegen.* |

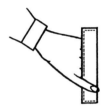

---

## ● Seht, was ich kann

| | |
|---|---|
| *Das erste Kind:* | |
| Seht, was ich kann: | *Das erste Kind führt die angesagte Bewegung* |
| Ich klatsche, ich klatsche. | *aus.* |
| Fangt alle mit an! | |
| *Alle Kinder:* | |
| Wir klatschen, wir klatschen. | *Alle Kinder klatschen.* |
| Der Nächste kommt dran. | |
| *Das zweite Kind:* | |
| Seht, was ich kann: | *Das zweite Kind winkt.* |
| Ich winke, ich winke. | |
| Fangt alle mit an! | |
| *Alle Kinder:* | |
| Wir winken, wir winken. | *Alle Kinder winken.* |
| Der Nächste kommt dran. | |
| *Das dritte Kind:* | |
| Seht, was ich kann: | *Das dritte Kind denkt sich eine Bewegung aus (Klopfen, Werfen,* |
| Ich ... | *Streicheln usw.). Es kann auch eine andeutende Bewegung sein wie* |
| *Alle Kinder:* | *Malen, Waschen, Kämmen und andere.* |
| Wir ..., wir ... | *Alle Kinder machen die Bewegung nach.* |
| Der Nächste kommt dran. | |

Das Spiel geht weiter, bis alle Kinder eine Bewegung vorgezeigt haben.

Aus: Elfriede Pausewang: Die Unzertrennlichen. Neue Fingerspiele 2. München: Don Bosco Verlag, 23. Aufl. 1994

### 3.3.6 Namensschilder

Damit die Lehrerin die Kinder am ersten Schultag mit ihrem Vornamen begrüßen kann, erhält jedes Kind ein Namensschild. Der Lehrerin stehen unterschiedliche Möglichkeiten der Verteilung dieser Schilder zur Verfügung:

- Auf einem Tisch in der Nähe der Eingangstür stehen die Schilder. Die Kinder suchen sich das richtige aus. Damit gehen sie zur Lehrerin, die sie dann mit Vornamen begrüßen kann.
- Die Schilder stehen auf den Bänken. Findet das Kind sein Schild, hat es zugleich auch seinen Platz gefunden.
- Die Lehrerin begrüßt jedes eintreffende Kind und gibt ihm sein Namensschild. Das Kind sucht sich einen Platz und stellt das Schild auf.
- Die Lehrerin spricht einige Worte mit dem hereinkommenden Schulkind. Dabei erfährt sie den Namen.
  Nachdem die Eltern das Klassenzimmer verlassen haben, kann die Lehrerin mit den Namenskärtchen das erste Spiel spielen. Sie entnimmt ein Schild, welches sich mit den anderen in einem Karton befindet, heraus und sagt: „Ich heiße Frau … und suche den Thomas." Dieser holt seine Karte und stellt sie auf die Bank. Der Vorteil dieses Verfahrens liegt darin, dass alle Kinder sämtliche Namen hören und sich so schon einige merken können.

*Alternativen:*

Die Namensschilder zum Hinstellen auf die Bank haben den Nachteil, dass sie oft hinunterfallen. Möglich ist es auch, an der Kante des Tisches ein Blatt zu befestigen, welches an einer Seite auf der Platte mit Klebestreifen befestigt wird, auf der herunterhängenden Seite ist der Name zu lesen.

Hat die Lehrerin noch keine Namensschilder ausgeteilt, kann sie diese von den Kindern herstellen lassen. Dafür bedarf es allerdings einiger Vorbereitung: Die Lehrerin schneidet für die Kinder Streifen in der Länge einer DIN-A 4-Seite aus. Sie markiert die Stellen, die die Kinder hinterher im Zickzack falten, so dass in jedes Feld ein Buchstabe passt. Am Anfang und am Ende des Streifens bleiben ein bis zwei Felder als Schmuckfeld frei. Soweit die Kinder schon in der Lage sind, können sie ihre Namen selbst darauf schreiben. Ansonsten hilft die Lehrerin mit.

### 3.3.7 Die Schultüte

Die Schultüte ist ein Symbol des Schulanfängers. Sie soll u. a. den Schulanfang „versüßen". Es ist eines der größten Erlebnisse der ersten Unterrichtsstunde, wenn die Kinder ihre Tüte auspacken dürfen. Ratsam ist der Tipp, Stück für Stück auf den Tisch zu legen. Schütten die Kinder den Inhalt auf einmal aus, fallen Dinge zu Boden, es gehen Geschenke zu Bruch, die Kinder verwechseln ihre Geschenke, kurzum: Das Chaos ist perfekt.

Die Lehrerin geht von Bank zu Bank und würdigt die Inhalte der Schultüten. Hier muss sie viel pädagogisches Geschick beweisen. Unangebracht wäre es zu diesem Zeitpunkt, allzu kritisch auf Einzelheiten einzugehen sowie negative oder positive Beispiele hervorzuheben.

Als erste Hausaufgabe, auf die die Kinder gespannt warten, bietet sich ein Arbeitsblatt an, auf dem die Kinder entweder eine Schultüte von außen verzieren oder ihre eigene Schultüte zeichnen (s. Arbeitsblatt S. 37).

Weitere Arbeitsaufträge für ein solches Arbeitsblatt könnten sein:

- Male die Schultüte bunt an!
- Male die Schultüte so an, dass sie aussieht wie deine!
- Male, was in deiner Schultüte ist!

# Die Schultüte

Male schöne Muster auf die Schultüte!

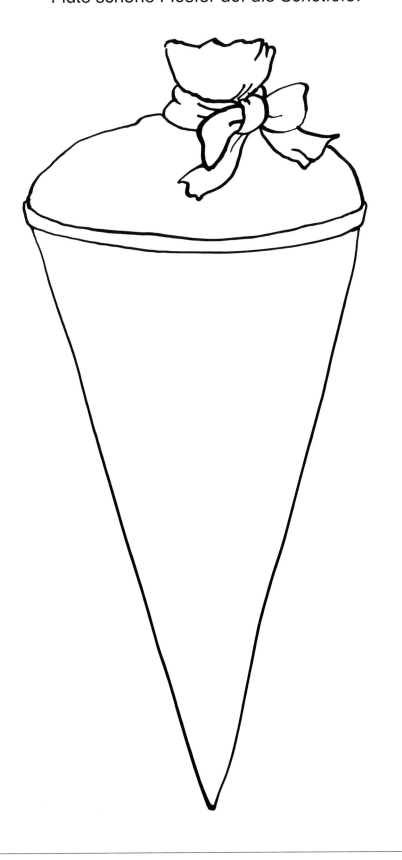

### 3.3.8 Gemeinschaftsarbeiten

Der letzte Vorschlag für die erste Unterrichtsstunde sind Gemeinschaftsarbeiten, die – unabhängig vom Thema – von der Lehrerin vorbereitet werden müssen.

● Männchenkette

Vor der ersten Schulstunde wird eine zusammenhängende Kette von gleich großen Männchen geschnitten – der Anzahl der Kinder entsprechend – und an der seitlichen Wandtafel befestigt. Das Besondere dieser Kette ist, dass die Männchen keinen Kopf haben. Sie „stehen" an der Tafel und halten sich an den Händen.

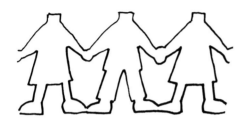

Zu diesem Tafelschmuck benötigt man Tonpapier oder festes Zeichenpapier.

*Arbeitsschritte zur Herstellung der Männchenkette*

1. Besorgen Sie Tonpapier in zwei Farben, z. B. rot für die Mädchen, blau für die Buben.
2. Nehmen Sie den ersten Tonpapierbogen (DIN-A 4-Größe) und falten ihn ziehharmonikaförmig zusammen, so dass ein rechteckiges Hochformat mit mehreren Lagen entsteht. Faltbreite: ca. 5 cm.

vor dem Falten        nach dem Falten

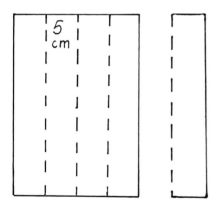

3. Nun zeichnen Sie ein Männchen auf die obere Seite.

   Wichtig!:

   – Zeichnen Sie nur die Hälfte der Figur!
   – Zeichnen Sie die halbe Figur so, dass der Körper am geschlossenen, geknickten Rand ansteht!

   – Zeichnen Sie keinen Kopf auf die Figur!

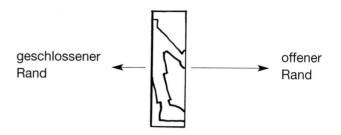

geschlossener Rand ←         → offener Rand

4. Schneiden Sie nun entlang der Umrisse das Männchen aus!
5. Falten Sie den Bogen auseinander, haben Sie zwei oder drei nebeneinander stehende, sich festhaltende Männchen.
6. Schneiden Sie diese Figur so oft aus, wie Sie Buben in der Klasse haben!
   Für die Mädchen zeichnen Sie auf den gefalteten DIN-A 4-Bogen ein Kind mit Rock und schneiden die Figuren entsprechend der Anzahl der Mädchen in Ihrer Klasse aus.

7. Stellen Sie nun eine gemischte Reihe von Buben und Mädchen her, indem Sie immer eine beliebige Anzahl von Buben neben eine Anzahl von Mädchen an der Tafel befestigen.

8. Ausgeschnittene Tonpapierkreise sollen nun den Kopf darstellen. Jedes Kind erhält einen solchen Kreis und malt sein Gesicht, seine Haare ... auf. Danach werden die Figuren durch die Köpfe vervollständigt. Die erste „Klassenkinderschlange" ist fertig.

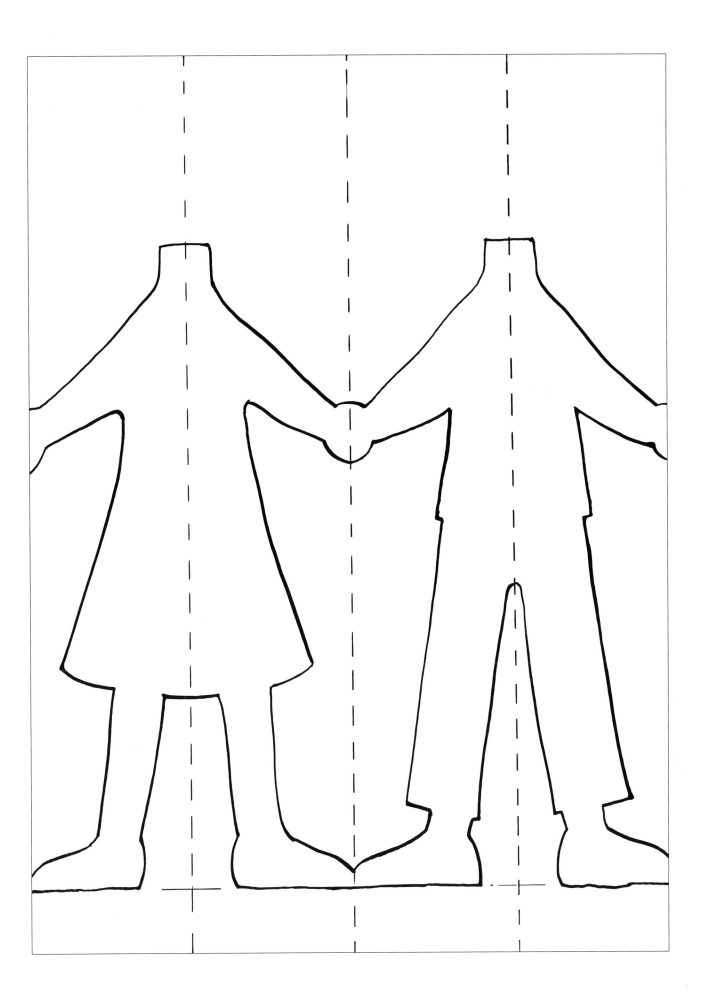

● Schulhaus

Die Lehrerin hat vor Unterrichtsbeginn ein Schulhaus an die seitliche Wandtafel gezeichnet. Dieses Schulhaus hat so viele Fenster wie Kinder in der Klasse sind. Durch jedes Fenster soll ein Kind herausschauen. Auch hier wird für jedes Kind ein Tonpapierkreis benötigt, auf den es seinen Kopf zeichnen kann. Aus einer leeren Schule wird nun ein von lustigen Kindern gefülltes Haus.

Hat die Lehrerin das Schulhaus auf Pappkarton gezeichnet, so kann sie es als Geburtstagskalender für das kommende Schuljahr benutzen. Jedes Fenster muss „Fensterläden" haben, die nach dem ersten Schultag die Fenster schließen. Nun werden die Geburtsdaten der Kinder sichtbar. Feiert ein Kind Geburtstag, werden die Läden geöffnet und heraus schaut das Geburtstagskind.

Schulhaus
mit Kindern

Schulhaus
als Geburts-
tagskalender

● Schülerzug

Ein vorbereitetes Bild vom Schülerzug hängt an der Tafel oder der Zug zieht sich entlang des Zimmers an der Decke. Auch hier können die Kinder ihre Köpfe in die Fenster kleben.

● Fesselballon oder Boot

Nach dem Motto: „Wir sitzen alle im gleichen Boot, wir sind eine Gemeinschaft!" hängt die Lehrerin einen Fesselballon oder ein Boot an die Tafel. Die Kinder zeichnen sich auf Tonpapier und schneiden ihr Porträt aus. So füllen sich Ballon oder Boot nach und nach mit Kindern, bis die Gemeinschaft vollständig ist.

Egal, mit welchen Themen Sie die erste Unterrichtsstunde füllen, schnell wird die Zeit vorbei sein. Die Eltern kommen, um ihre Kinder abzuholen.
Stolz werden diese nun ihre Basteleien vorzeigen, ihr Lied vorsingen, ihr Fingerspiel vorführen und ihren „Begleiter" für das bevorstehende Schuljahr vorstellen. Nach einem herzlichen Abschied, eventuell in Form eines Liedes, welches Lehrerin, Kinder und Eltern miteinander singen, verlassen die Schulanfänger die Schule. Der erste wichtige Schritt zum Leben und Lernen in der Schule ist getan.

Schülerzug

Wir sitzen alle
im gleichen Boot

**Fesselballon**

# 4 Klassenzimmergestaltung

Zu den vielen Vorbereitungen, die Sie als Erstklasslehrerin planen und erledigen müssen, gehört auch die Gestaltung des Klassenzimmers. Mit einigen Postern an den Wänden und einem Blumenstrauß auf dem Pult ist der Raum zwar noch nicht wohnlich, aber der Anfang ist gemacht. Detaillierte Vorüberlegungen und konkretes Ausprobieren mit Mobiliar und Material sind notwendig, um eine Raumatmosphäre zu erzeugen, die zum Bleiben einlädt und in der sich die Schulanfänger wohl fühlen.

Zu folgenden Punkten sollten Sie sich Gedanken machen:

## 4.1 Sitzordnung

Welche Grundform wähle ich? Ermöglicht diese ein schnelles Kennenlernen, ein reibungsloses Miteinanderarbeiten und bietet eine gute Sicht zu Tafel und Tageslichtprojektor?

Ist es notwendig, gleich zu Beginn Vierer- oder Sechsertische zu gruppieren, oder kann ich die Zweiertische auch so anordnen, dass eine starre Frontalsitzordnung aufgelockert wird?

Ganz gleich, für welche Sitzform Sie sich entscheiden – einige wichtige Aspekte sollten Sie nicht aus den Augen verlieren:

- das nach Größe genormte Gestühl an der Körpergröße der Kinder orientieren
- Lichteinfall von links
- Linkshänder sitzen links außen
- für Brillenträger und Hörgeschädigte die vorderen Plätze einplanen
- die gewählte Sitzform sollte freie Verkehrsfläche für Erzählkreise, Rollenspiele und kleine Feiern bieten
- freie Wahl des Banknachbarn
- nach den ersten Eingewöhnungswochen die Kinder in die Planung einbeziehen
- bei Gruppensitzordnung bald das rollierende Verfahren anbieten.

## 4.2 Grundausstattung

Neben der feststehenden Tafel und dem Tageslichtprojektor sollten Sie die Wandflächen als Infowände für die einzelnen Fächer oder zur Ausstellung von Schülerarbeiten nutzen. Freie Wandflächen können auch zur Fixierung der Helferdienste, des Geburtstagskalenders, des Tagesplanes oder für die ersten wichtigen Ordnungsregeln verwendet werden. Sehr hilfreich ist eine lange Holzleiste, an der man den Buchstabenzug, den Zahlenstrahl u. v. m. anbringt.

Wenn Sie nur wenige Dokumentationsflächen zur Verfügung haben, spannen Sie eine zusätzliche Leine zwischen den beiden hinteren Ecken, an der Sie dann Bilder oder Schülerarbeiten befestigen können.

Ein großer Zweig, der von der Decke hängt, kann jahreszeitlich dekoriert werden und verleiht dem Zimmer eine ansprechende Atmosphäre.

Kalender und Thermometer sollten in keinem Raum fehlen.

Bei grundlegenden Veränderungen und Zusatzwünschen ist es wichtig, mit Schulleitung, Kollegium und Hauspersonal Kontakt aufzunehmen. Nicht jede gute Idee von Ihrer Seite wird von diesen auch als solche angesehen.

## 4.3 Aktivitäts- und Ruhebereiche

Nachdem die Sitzordnung geplant ist, steht fest, wie viel Raum für die weitere Gestaltung zur Verfügung steht.

Nicht mehr wegzudenken ist die bei Kindern und Lehrerinnen beliebte *Leseecke*. Teppiche oder ausrangierte Sofas und Sessel mit bunten Kissen helfen bei der Ausstattung. Um den Nischencharakter zu betonen, sollte die Leseecke von den Schülertischen durch ein offenes Regal abgetrennt sein. Bunt bemalte Kisten, übereinander gestapelt, können den gleichen Effekt erzielen und sind weniger kostspielig. Die ersten Bücher kommen sicher aus der Schulbücherei; später wird der Bestand durch Elternspenden oder Bücherflohmarktaktionen aufgestockt. Es gibt auch immer wieder Verlage, die kostengünstig Kinderbücher anbieten.

Der Eingang der Leseecke (Rückseite der Kisten- oder Regalwand) sollte mit Lesepostern (aus Buchhandlungen) oder einem Willkommensschild geschmückt sein. Eine Hängepflanze, die auf dem oberen Brett steht, gibt der Leseecke nicht nur einen dekorativen Akzent, sondern vermittelt auch eine wohnliche Atmosphäre.

Neben der Leseecke, die zum Ruhebereich zählt, können zwei bis drei zusätzliche Schülertische für Aktivitäten bereitgestellt werden. Sie dienen als Standort für die Schreibmaschine, den Stempel- oder Druckkasten, als Bastel-, Demonstrations- oder Experimentiertisch.

# 4.4 Grundsätze

Bei der Gestaltung des Klassenzimmers sollten einige Grundsätze besonders beachtet werden.

## 4.4.1 Sauberkeitserziehung

Können die Kinder unter der Bank Ordnung halten? Ein Ablagekörbchen erleichtert ihnen die Aufgabe.
Wie stehen die Schultaschen neben den Tischen?
Ist mein Pult ein Beispiel für einen ordentlichen Arbeitsplatz?
Wie sieht es in den Schränken und offenen Regalen aus?
Haben die Regale und Schrankfächer eine farbige Markierung (fachbezogen), so dass klar ist, welche Materialien hier ihren Platz haben?
Sind meine Freiarbeitsmaterialien sauber zu handhaben und gut aufzubewahren?
Werden die Blumen regelmäßig versorgt oder welken sie vor sich hin?
Stehen Behältnisse für die Müllsortierung bereit?
Gibt es beim Waschbecken einen kleinen Besen und eine Schaufel zum Aufkehren und einen kleinen Eimer mit Putzlappen?
Ist die Tafel geputzt, wenn ich den Raum verlasse?

## 4.4.2 Ästhetische Erziehung

Stellen die Plakate, Zeichnungen und anderen Gestaltungen ein Sammelsurium von Ideen dar, die nur verwendet werden, um ein Klassenzimmer zu dekorieren oder setzen sie bewusst Kontrastpunkte, sind Lernhilfen und Informationsträger?

Wird bei der Wahl von farbigen Papieren auf ein harmonisches Zusammenwirken geachtet?

## 4.4.3 Aktueller Bezug

Nachdem die ersten Wochen vergangen sind, wird es schon notwendig sein, manche Dekoration zu entfernen, weil sie nicht mehr aktuell ist, und durch neue Plakate, Schülerarbeiten oder von den Kindern selbst geplante Arbeiten zu ersetzen.
Auch Elterninformationen, im Flur neben der Klassenzimmertür fixiert, sollten immer wieder auf den neuesten Stand gebracht werden.
Achten Sie immer auf ein ausgewogenes Verhältnis von Schüler- und Lehrer-Dokumentationen, damit sich die Kinder genügend einbringen können.

## 4.4.4 Verantwortung

Kinder übernehmen dann gern Verantwortung für das Klassenzimmer, wenn sie es selber gestalten dürfen und es dadurch zu *ihrem* Klassenzimmer wird. Hier hat sich das Einrichten von Helferdiensten bewährt für:
– die Organisation von Freiarbeitsmaterial (in einem bestimmten Fach/Regal)
– die Betreuung der Leseecke
– die Pflege von Zimmerpflanzen
– die Übernahme diverser Klassendienste.
Denken Sie daran, dass die Gestaltung schon vor dem Raum, nämlich an der Klassenzimmertür, der Garderobe und auf dem Flur beginnt.

# 5 Rituale

Wenn Sie als Lehrerin an Ihre eigene Schulzeit zurückdenken, werden Sie sich sicher an feststehende Regeln und immer wiederkehrende Rituale erinnern: Regeln und Rituale sind notwendige Bestandteile des schulischen Lebens. Sie helfen, das Leben der Kinder in der Schule verlässlich zu ordnen, die gesamte Unterrichtsorganisation zu optimieren und Geborgenheit und Sicherheit zu vermitteln.

Für die Einführung und die Pflege von Ritualen sprechen viele Gründe:

- Sie helfen bei Orientierungslosigkeit und Unsicherheit.
- Sie strukturieren und rhythmisieren den Schulvormittag.
- Sie vermitteln Geborgenheit und ein Zusammengehörigkeitsgefühl.
- Sie sind ein wichtiger Bestandteil von Festen und Feiern.
- Sie initiieren und bestimmen durch ihre Symbolkraft Handlungen.
- Sie entlasten.

Rituale, die als Disziplinierungsmittel oder zur Demonstration von Macht verwendet werden, sollten in der Schule nicht eingesetzt werden. Jedes Ritual muss im Laufe seiner Zeit hinterfragt und – wenn notwendig – neu definiert oder sogar abgeschafft werden.

Aus der Vielzahl der von uns praktizierten Rituale haben wir die ausgewählt, die schon in den ersten Schulwochen eingeführt und eingeübt werden können.

## 5.1 Unterrichtsrituale

Sprechen im Sitzkreis ist nur dann erlaubt, wenn der Schüler

- einen Erzählstein
- eine Klangkugel
- das „goldene Mikrofon" (ausrangiertes Mikrofon golden lackiert oder aus Pappe hergestellt)
- den Redestab (bunt lackierter Blumenstab aus Holz)
- eine Handpuppe (die Fibelleitfigur) in der Hand hält
- die Erzählmütze (Mütze mit Schirm) trägt
- in der Mitte auf dem Erzählteppich (kleiner bunter Teppich oder eine farbige Teppichfliese) oder im Erzählstuhl (ein Schülerstuhl, der in einer besonderen Farbe lackiert ist oder ein besonderes Zeichen an der Rückenlehne hat) sitzt.

## 5.2 Tagesanfangsrituale

Hier bietet sich ein Steh- oder Sitzkreis an, in dem folgende Rituale Platz haben:

- gemeinsames Händefassen
- Begrüßung im Chor
- Singen eines Morgenliedes.

## 5.3 Tagesschlussrituale

- Der Tagessprecher wiederholt die Hausaufgabe.
- Tagesreflexion durch Zeigen eines Smily-Gesichtes. Dafür hat jedes Kind in den ersten Wochen drei Bierdeckel mit folgenden Gesichtsausdrücken gestaltet:

- Persönliches Verabschieden der Kinder an der Klassenzimmertür mit Händedruck.
- Die Stilleminute ist das Signal des Unterrichtsendes. (Das Fallenlassen einer Nadel oder das Ticken eines Weckers soll von allen Kindern gehört werden.)
- Stehkreis mit gemeinsamer Verabschiedung.

## 5.4 Anfangs- und Abschlussrituale bei Themen- oder Sozialformwechsel

- Immer die gleichen akustischen Signale durch Triangel, Flöte oder meditative Musik
- Sprechen von Kinderreimen
- Einsatz nonverbaler Zeichen, wie z. B. Verändern des Pfeils auf der Tätigkeitsscheibe

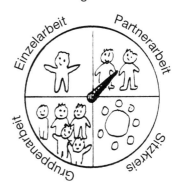

- Einsatz von Piktogrammen, die anzeigen, welche Materialien benötigt werden.

## 5.5  Feiertagsrituale

Der Geburtstag eines Kindes ist ein wichtiges Ereignis, das durch Feiertagsrituale erst zu einem richtigen Fest wird. Folgende Gestaltungsmöglichkeiten bieten sich an:
- ein besonders geschmückter Schülertisch mit Kerze, Geburtstagspost von Mitschülern und Lehrerin in Form von Bildern oder kleinen Briefen und das Geburtstagskissen (ein farbiges Stuhlkissen) auf dem Stuhl
- freie Wahl des Banknachbarn
- Auswahl zwischen Lied, Gedicht, Vorlesegeschichte oder Spiel als Tagesbeginn
- sich von vier Mitschülern auf dem Stuhl hochleben lassen
- Tragen der Geburtstagskrone.

Wichtige Ereignisse im Jahreskreis wie z. B. Erntedank, Weihnachten, Ostern sollten mit einem gemeinsamen Frühstück und einer kleinen Feier besonders beachtet werden.

## 5.6  Abgrenzungsrituale

- Das *rote Dreieck* (aus Pappe in DIN-A 3-Größe) hängt die Lehrerin an die Tafel, wenn der Geräuschpegel ein konzentriertes Weiterarbeiten verhindert. Auch die Kinder dürfen von diesem Zeichen Gebrauch machen, wenn sie sich durch den Lärm gestört fühlen.
- Das „Lärmdöschen" (ein mit Reis oder kleinen Steinen gefülltes Filmdöschen) wird dann geschüttelt, wenn es in der Klasse zu laut wird. Bei sehr großer Unruhe können auch alle Kinder ihr Lärmdöschen so lange schütteln, bis Ruhe eingekehrt ist.

- Der „Alleinstein" (roter Legostein) auf dem Schülertisch signalisiert, dass dieses Kind in Freiarbeitsphasen nicht gestört werden möchte.
- Die „Warteschlange" (eine aus Pappe angefertigte, bunt bemalte, etwa 30 cm lange Schlange) ist am Pult befestigt. Kinder, die mit der Lehrerin arbeiten wollen oder Hilfe brauchen, befestigen an der Warteschlange ihre Namensklammer. Dieses Ritual ist besonders in offenen Unterrichtsformen hilfreich, da Schüler längere Wartezeiten mit anderer Arbeit sinnvoll gestalten können und die Lehrerin sich auf den einzelnen Schüler ungestört konzentrieren kann.
- Der „magische Kreis" (mit Klebeband aufgezeichneter Kreis vor der Tafel oder in der Mitte des Klassenzimmers) dient als Haltepunkt für Sitz- oder Stehkreis. Drängeln und Schubsen werden vermieden; Dinge, die in der Mitte liegen, werden im notwendigen Abstand von allen Kindern gesehen.
- Die „Ruheinsel" (einzelne Teppichfliese im Raum verteilt): Kinder, die sich zum Lesen oder Nachdenken auf eine Ruheinsel zurückziehen, wollen nicht gestört werden.

Rituale müssen wie Regeln eingeführt, mit den Kindern besprochen, weiterentwickelt oder abgeschafft werden, wenn sie auf die für sie vorgesehene Situation nicht mehr passen. Eine Häufung von Ritualen im Unterricht birgt die Gefahr, dass die Spontaneität von Kindern und Lehrerin eingeengt wird. Manche Rituale, die zu Anfang einer ersten Klasse wirksam und sinnvoll waren, verlieren ihren Wert, weil sich die Kinder weiterentwickelt haben. Für die Anzahl der Rituale gilt, wie so oft im Leben, wenig ist manchmal mehr.

# 6 Die erste Schulwoche

## 6.1 Die ersten drei Tage

*Am zweiten Schultag* wird die Lehrerin die Kennenlernspiele vom Vortag aufgreifen, damit die Namen für alle Kinder und für die Lehrerin geläufig werden. Die Leitfigur „Amo" ist natürlich dabei.

Danach wird die erste Hausaufgabe angeschaut. Schon hier besteht die Möglichkeit, den Kindern das vorbereitete Ablagekörbchen für die Hausaufgaben vorzustellen.

Wahrscheinlich werden nun alle Kinder auf einmal nach vorn kommen wollen, um ihr Blatt abzugeben. Hier einige Tipps, wie man von Anfang an dieses „Durcheinander" vermeiden kann:

| Tipp 1 > | Die Kinder kommen reihenweise nach vorn. Erst, wenn die beiden Vordermänner sitzen, dürfen die nächsten zwei losgehen. Es beginnt die Wandreihe, die Mittelreihe oder die Fensterreihe. |
| Tipp 2 > | Die Kinder dürfen sich schlafen legen: Sie legen den Kopf auf den Arm und schließen die Augen. Bei leiser Musik weckt die Lehrerin die Kinder der Reihe nach auf, indem sie ihnen vorsichtig über den Kopf streicht. Die geweckten Kinder gehen vor. |
| Tipp 3 > | Die Kinder warten, bis der Vordermann sie berührt hat. Dann erst dürfen sie gehen. |
| Tipp 4 > | Die Lehrerin blinzelt dem Kind zu, welches gehen darf. |

In den folgenden Wochen werden die Kinder es lernen, schon in der Viertelstunde vor Unterrichtsbeginn ihre Hausaufgaben in die Ablage zu legen. Die oben genannten Möglichkeiten, Gedränge zu vermeiden, gewinnen wieder an Bedeutung, wenn die Lehrerin in einem Sitz-, Steh- oder Halbkreis unterrichten will. Hier ist es vor allem wichtig, dass die ersten Kinder den Kreis dort beginnen, wo sie die nachfolgenden nicht behindern. Abhilfe schafft ein buntes Klebeband, das auf den Boden geklebt wird, damit die Kinder einen Anhaltspunkt haben, wo sie ihren Stuhl abstellen sollen. Analog wird der Kreis dann wieder aufgelöst.

In vielen Schulen ist es üblich, am *zweiten Tag* einen Schulhausrundgang zu veranstalten. Die Bedeutung dieser „Schulhausreise" lässt sich wie folgt beschreiben:

- *Kennenlernen des Schulhauses als oberstes Ziel*
  Darunter fallen viele Haltepunkte wie z. B. andere Klassenzimmer, Toiletten, Rektorat, Lehrerzimmer, Pausenverkaufsstand, Turnhalle, Busabfahrtsplatz. An jedem Haltepunkt erklärt die Lehrerin, wo die Kinder sind, welche Personen hier arbeiten und wie sie sich hier verhalten sollen.
  Besonders wichtig ist der Weg zum Busabfahrtsplatz. Die Angst der Kinder, in den falschen Bus zu steigen, ist sehr groß. Deshalb genügt es nicht, diesen Vorgang am zweiten Schultag lediglich zu erklären: Die Lehrerin bringt stattdessen die Kinder ein bis zwei Wochen lang zum Bus.

- *Kennenlernen wichtiger Verhaltensweisen*
  Die Kinder erfahren, dass es wichtig ist, langsam und leise durch die Schule zu gehen, damit andere Kinder nicht gestört werden. Außerdem lernen sie, an verschlossene Türen anzuklopfen und den Grund ihres Kommens zu nennen. Dafür ist es nötig, einige Beispiele vorzuführen.

- *Kennenlernen wichtiger Personen*
  Weiterhin ist für die Kinder sehr wichtig, dass sie die Personen ihrer Umgebung kennen. Eine Atmosphäre des Vertrauens entsteht eher, wenn sie die Menschen mit Namen nennen und ansprechen können.

*Am dritten Schultag* beginnt der Tag wiederum mit Kennenlernspielen. Örtlich verschieden ist der Kirchgang.

Planen Sie weniger Unterrichtsstoff ein und nutzen Sie die Möglichkeit, die Kinder an die Schule zu gewöhnen.

Dazu gehört natürlich auch das Vorstellen der neuen Schulbücher. Teilen Sie die Bücher nacheinander aus und lassen Sie die Kinder „schmökern". Besprechen Sie dann mit den Kindern, dass sie nicht jeden Tag alle Bücher mit nach Hause nehmen, sondern nur die, die sie für die Hausaufgaben benötigen. Diese liegen dann in der Hausaufgabenmappe, während die anderen ordentlich unter der Bank ihren Platz finden. Bilder vom unaufgeräumten Schulzimmer vertiefen diesen Lernprozess. Nahtlos schließt sich das Thema „Welche Dinge gehören in den Schulranzen?" an. Auch hier kann die Vertiefung durch entsprechende Bilder erfolgen.

An diesem Tag folgt die erste Analyse. Nutzen Sie die Motivation der Kinder, lesen zu lernen.

## 6.2 Die erste Buchstabenanalyse

Die Analyse von Lautzeichen nimmt im ersten Schuljahr einen breiten Raum ein. Die Erfahrung hat gezeigt, dass besonders beim Erstleseprozess die Gefahr einer Analysenmonotonie gegeben ist, die sich hemmend auf Lernfreude und Leistungsmotivation auswirkt. Flexible Einstiegsmöglichkeiten, sinnvolle zeitliche Verteilung der Analysen im Jahresplan, verweilendes und gründliches Arbeiten unter Einbeziehung aller Sinne sind wichtige Grundvoraussetzungen, um Lesefreude und Lernzuwachs zu ermöglichen.

Am Beispiel des Buchstabens „Aa" sollen nun drei Bearbeitungsmöglichkeiten aufgezeigt werden.

### 6.2.1 Buchstabenanalyse vom Laut Aa aus

- Einstiegsmöglichkeiten
  - Vorbereitetes szenisches Spiel mit Requisiten
    Personen: Arzt (A), Sprechstundenhilfe (S), Mia (M), Mutter (Mu)

    Spielverlauf:

    S:    Der Nächste bitte.

    A:    Grüß Gott, Frau Ammler, grüß dich, Mia!

    Mu:    Grüß Gott, Herr Doktor. Meine Mia hat so Halsschmerzen. Schauen Sie doch bitte einmal nach.

    A:    Komm, Mia, setz dich hin und öffne ganz weit deinen Mund.
    (Einsatz des Halsspatels)
    So, nun sag einmal schön „A".

    M:    A A A

    A:    Ja, ich sehe, dein Hals ist entzündet. Da gebe ich dir etwas zum Gurgeln. In zwei Tagen ist alles wieder vorbei.

    M/Mu:    Danke, auf Wiedersehen.

    A:    Auf Wiedersehen.

  - Tafelzeichnung mit späterer Applikation des Spatels / der Sprechblase

*Arzt so nahe zeichnen, dass Spatel in Mias Mund appliziert werden kann.*

In beiden Fällen sollen die Kinder sich zu dem Gesehenen und Gehörten frei äußern. Dabei ist es auch wichtig, Identifikationsmöglichkeiten Raum zu geben und auf ähnliche persönliche Erlebnisse einzugehen.

- Erarbeitung
  - Jedes Kind schlüpft nun in die Rolle von Mia und spricht unter Anleitung der Lehrerin den Buchstaben A.
  - Beschreibung des Lautes (A wird ganz hinten im Hals gesprochen).

  - Beschreibung der Mundbewegung und Mundstellung durch Partnerbeobachtung oder Blick in einen kleinen Handspiegel (ein wichtiges Hilfsmittel bei Analysen).

- Zielangabe: Heute lernen wir den ersten Buchstaben. Du hast ihn schon gesprochen.

Nach der Erkenntnisformulierung – Er heißt A. – durch die Kinder wird an der *akustischen Analyse* weitergearbeitet.

Rückgriff auf szenisches Spiel oder Tafelzeichnung. Durch Nennen der Personen Mia, Arzt, Mama, Frau Ammler wird der neue Buchstabe bewusst gemacht. Von Anfang an sollte darauf geachtet werden, die Position des Lautes im Wort herauszuarbeiten.

Nach der akustischen Erarbeitung erfolgt nun die *optische Analyse* an der Tafel.

Die leere Sprechblase vor Mias Mund ist der Motivationsanlass, den gehörten neuen Buchstaben auch zu schreiben.

- Erkenntnis: Wir können den neuen Buchstaben auch schreiben.
  - Eintrag in die Sprechblase und in ein großes vorbereitetes Buchstabenhaus an der Tafel.

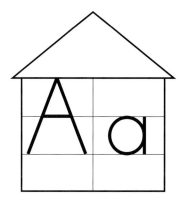

  - Beschreiben der Formen durch die Kinder.
  - Gemeinsames Sprechen:
    A Schräg hoch – stopp – schräg herunter – stopp – gerade rüber – stopp.
    a Kreis bis zum Anfang – stopp – gerader Strich nach unten – stopp.
  - Großmotorische Übungen an der Wandtafel, auf Tapetenbahnen und im Sandkasten unterstützen diese Phase. Während ein Teil der Kinder mit diesen Medien arbeitet, legt ein anderer mit Seilen den Buchstaben und geht den Bewegungsablauf auf dem Boden nach. Eine weitere Gruppe stellt den Buchstaben pantomimisch dar.

- Weitere Übungsmöglichkeiten:
  - Legen des Buchstabens mit Bleibändern, Sichtbarmachen am Overheadprojektor
  - Legen oder Kleben mit Wollfäden
  - Biegen mit Pfeifenputzern
  - Kneten

– Umfahren von Holz- und Sandpapierbuchstaben
– Spuren des Buchstabens im Sand (Deckel einer Schuhschachtel mit wenig Sand füllen)
– Nachspuren auf Arbeitsblatt/Folie

● Suchen des Buchstabens:
– aus einer Anzahl von Holzbuchstaben am Boden
– aus einer Anzahl von Magnetbuchstaben an der Tafel
– aus Lehrer- und Schülersetzkasten
– an der Klassenschreibmaschine
– in einem Beutel mit „Russischem Brot"
– aus mitgebrachten Zeitschriften ausschneiden, Plakat herstellen
– auf Folie / Arbeitsblatt

Um eine intensive Buchstabenanalyse zu ermöglichen, sollten *alle Sinne* angesprochen werden. Im Schulalltag kommen Geruchs- und Geschmackssinn oft zu kurz oder gar nicht zum Einsatz. Werden beim Erlernen eines Buchstabens auch diese Kanäle angesprochen, so bleibt der Lerngegenstand besonders anhaltend im Gedächtnis. Beim Buchstaben A bietet sich an, Anis riechen und schmecken zu lassen oder mit den Kindern gemeinsam eine Ananas, einen Apfel zu essen.

### 6.2.2 Buchstabenanalyse vom Wort aus

Einstiegsmöglichkeiten mit einer Leitfigur, in diesem Fall mit Amo, unserer Tüten-Stabpuppe.

Nach Vermutungen der Kinder, wer in der Tüte sein könnte, wird die Figur Amo präsentiert, beschrieben und mit ihrem Namen vorgestellt. Amos Funktion (Begleiter im 1. Schuljahr) wird den Kindern erläutert. Er bekommt im Klassenzimmer einen festen Platz, von dem aus er alles gut beobachten und hören kann. Amo hat aber noch zwei Freunde, die ihm manchmal helfen, wenn er gar nicht mehr weiter weiß. Seine Freunde heißen Mia und Ali. Beide Figuren sind an der Tafel und werden mit Namenskärtchen versehen.

Gemeinsamkeiten und Unterschiede der drei Wörter werden von den Kindern verbalisiert. Erkenntnis: Amo und Ali fangen gleich an.

Durch die Motivationsfigur Mia kann das kleine a akustisch und optisch schnell bearbeitet werden. Im Gegensatz zur Analyse vom Laut aus bietet sich hier an, zuerst an der optischen Analyse weiterzuarbeiten. Die Übungsformen sind die gleichen wie im ersten Beispiel.

Eine andere Möglichkeit, die Analyse vom Wort ausgehend zu erarbeiten, bietet folgender Einstieg: Die Lehrerin stellt den Kindern in Rätseln Dinge vor, z. B. Ananas, Apfel, Affe (Stofftier), Armband, Anhänger. Durch mehrmaliges Nennen und Zeigen der errate-

Ali    Amo    Mia

nen Dinge wird die Gemeinsamkeit (Aa) schnell festgestellt. Danach ist es sinnvoll, mit der akustischen Analyse weiterzuarbeiten.

### 6.2.3 Buchstabenanalyse vom Satz aus

Eine weitere Möglichkeit Analysen durchzuführen, stellt das folgende Beispiel dar.

Wie bereits angesprochen, wird sicher gleich in den ersten beiden Tagen eine Motivationsfigur, in unserem Fall Amo, vorgestellt. Dabei bietet sich an, die Kinder mit weiteren Lesebegleitern (Mia, Ali) in den ersten Stunden bekannt zu machen. Mit den Figuren werden gleich zu Beginn die ersten Ganzwörter „Amo", „Mia", „Ali" erarbeitet. Sie sind in Verbindung mit dem neuen Ganzwort „mag" die Basis für eine erste kleine Geschichte.

Die Stunde beginnt mit einem Tafelbild, auf dem die Bild- und Wortkarten Amo, Mia, Ali fixiert sind. Die Kinder beschreiben die Personen, stellen noch einmal das Typische jeder Figur heraus und ordnen ihnen die richtigen Namenskarten zu.

Tafelbild 1

Tafelbild 2

Mit der Applikation einer neuen Bildkarte (Herzform) wird das Verhältnis der Figuren zueinander näher beschrieben (Tafelbild 1). Die Kinder erkennen, dass diese sich mögen und Freunde sind. Zu der Bildkarte wird nun das neue Ganzwort „mag" ergänzt (Tafelbild 2). So entsteht die erste Lesegeschichte.

Durch Veränderung der Wort- und Bildkartenpositionen können weitere Sätze gebildet werden. Wenn die Wortkarten an der Tafel so angeordnet sind, dass der

zu analysierende Buchstabe optisch sofort erkennbar ist (siehe Rahmen/„Buchstabenturm"), wird die akustische Analyse dadurch sinnvoll unterstützt (Tafelbild 3).

Tafelbild 3

Als Themenvertiefung bietet es sich an, mit den Kindern über ihre Freunde zu sprechen und sie erzählen zu lassen, was sie mögen und was sie nicht mögen.

Durch die überlegte Auswahl der Namensgebung (Amo, Mia, Ali) wurden im Vorfeld die sich anschließenden Analysen Mm, Ii, Oo festgelegt.

Erste Syntheseversuche können schon nach der zweiten Analyse stattfinden. Unabhängig von der Wahl der Ausgangssituation sollten bei jeder Erarbeitung möglichst viele Sinne angesprochen werden. Multisensorisches oder mehrkanaliges Lernen sind Begriffe, die das umschreiben. Lehrerinnen, die sich vielleicht schon mit NLP (neurolinguistisches Programmieren) beschäftigt haben, kennen sicher das Schlagwort VAKOG. Hier eine kurze Erläuterung:

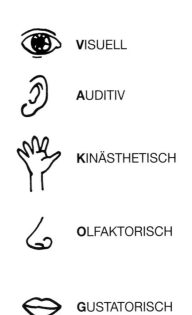

**V**ISUELL

**A**UDITIV

**K**INÄSTHETISCH

**O**LFAKTORISCH

**G**USTATORISCH

Ganz gleich, welchen Begriff Sie wählen, meinen doch alle das Gleiche: Informationsverarbeitung mit unseren fünf Sinnen.

Vgl. Martina Schmidt-Tanger/Jörn Kreische: NLP-Modelle, Fluff & Facts. Das Basiskurs-Begleitbuch. Freiburg im Breisgau: VAK Verlag für Angewandte Kinesiologie 1994

### 6.2.4 Übungen zur Unterstützung der Buchstabenanalyse

– Buchstabenschatzkisten:
Pro Buchstabe wird eine Schachtel mit Gegenständen, die den gelernten Buchstaben enthalten, von den Kindern bestückt. Sie kann auch mit einer Öffnung versehen werden, so dass sie sich als Fühlbox eignet.
Einsatz: Kimspiele, Heraussortieren von „faulen Eiern", Drucken, Schreiben der dazugehörigen Begriffe, Verteilen der Gegenstände an die Kinder als Basis für Buchstabengeschichten

– Zuordnung von Klein- zu Großbuchstaben

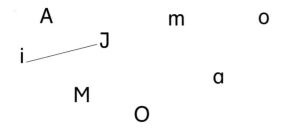

– Buchstabentürme legen, drucken

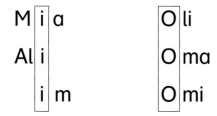

– Unterstützende Sprechverse zu jedem erlernten Buchstaben.

Beispiel A:
Amo mag Ananas;
sie zu essen, macht ihm Spaß.
Mia mag Marmelade,
Hat sie keine, ruft sie „schade"!
Ali mag Orangen
und im Wasser planschen.

– Amos Lesetüte (aus Pappe herzustellen, bunt verzieren)

– Purzelwörter entschlüsseln

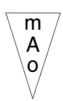  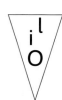

– Anfangs- oder Endbuchstaben zuordnen

– Positionsstellung des Lautes bestimmen: Anfang, Mitte, Ende
Dabei Einsatz von Farbkärtchen (Anfang – rot, Mitte – blau, Ende – grün), die die Kinder selbst herstellen. Durch Zeigen der richtigen Farbkarte überblickt die Lehrerin schnell, wer noch nicht die Position des Lautes bestimmen kann.

– Erste Syntheseversuche
Bildkarten von Ali, Amo, Mia und Mama beidseitig für jedes Kind fotokopieren, in drei bzw. vier Teile schneiden (Puzzlecharakter) und für erste Syntheseversuche verwenden.

Beispiel:

Vorderseite

Rückseite

Kontrolle des lautierten Wortes durch Umdrehen auf die Bildseite.

– Korkenspiel
Leere Kronkorken mit Buchstaben beschriften. Zuordnung vom kleinen zum großen Buchstaben.

– Aufbau von Wörtern

– Austausch von Buchstaben

Amo     Ali     Mia

Hals   Arm
Ananas   Laterne
Affe
Ampel

54

| Ali | Alli Alo Ali Aili Ali AAli |
| Amo | Ama Ammo Amo Ami |

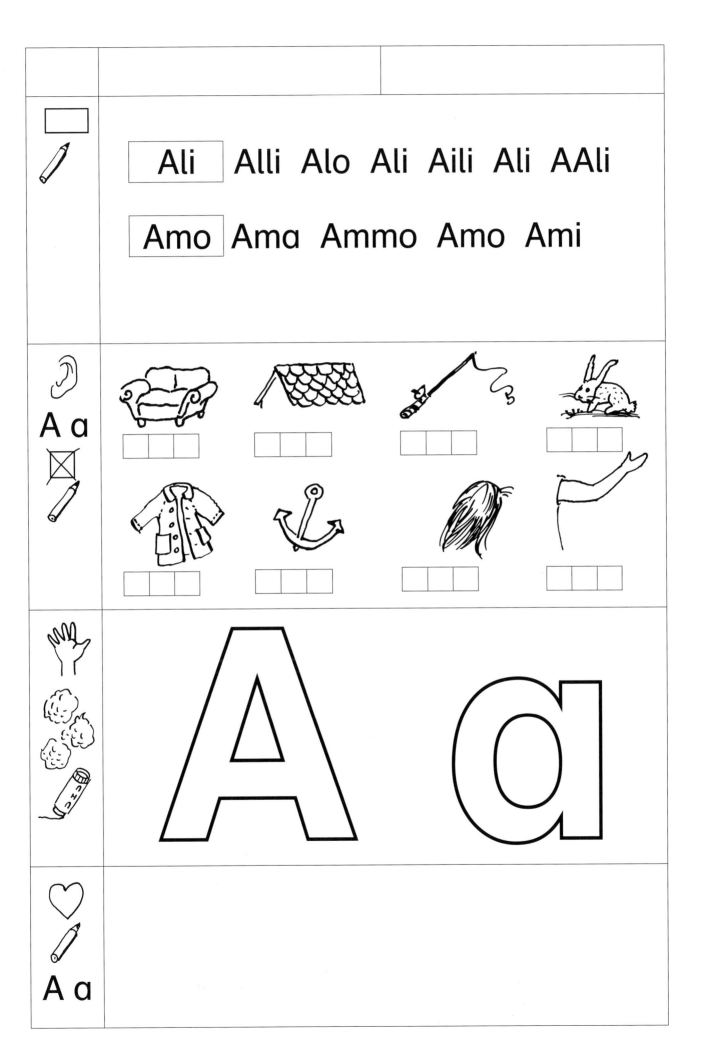

A a

A a

# 6.3 Darstellungsmöglichkeiten der erlernten Buchstaben

In jeder ersten Klasse sollten die erlernten Buchstaben für die Kinder jederzeit sichtbar sein. Zur Unterstützung der Merkfähigkeit ist es nötig, dass jeder analysierte Laut mit einem Bild in Verbindung gesetzt wird, in dem der darüber fixierte Laut zu hören ist.

Beispiele:

 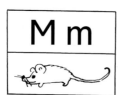

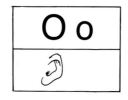

Verschiedene Darstellungsmöglichkeiten der erlernten Buchstaben:

● Buchstabenzug

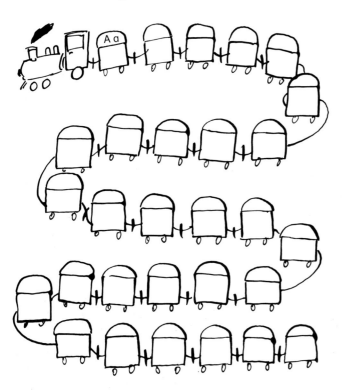

Ein gemeinsames Lied am Ende der Analysestunde lässt den Buchstaben „mitfahren".

Lied: Das ist unser Buchstabenzug,
er ist noch nicht lang genug.
Schau mal an, schau mal an,
heute schließt das Aa sich an.

Melodie: Wer will fleißige Handwerker sehen …

● Buchstabenhaus

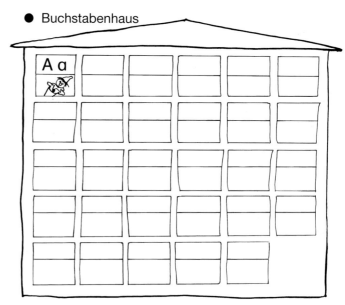

Bedingung:
Alle Buchstaben müssen im Haus sein.

Ein gemeinsamer Vers am Ende der Analysestunde lässt den Buchstaben im Haus sichtbar werden.

Vers: Licht an, Licht an!
Heute ist das Aa dran.

Die Lehrerin markiert das Buchstabenfeld mit gelber Leuchtfarbe.

● Das Buchstabentor

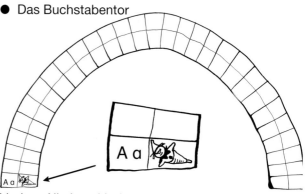

Lied: Alle Lesekinder gehen durch das Tor …
Sie hängen nun das Aa an.
Das singen wir im Chor.

Melodie: Alle meine Entchen …

Hier besteht die Vorarbeit der Lehrerin darin, aus Styroporplatten oder -quadern ein ca. 160 cm hohes Tor auszuschneiden. Damit das Tor echt wirkt, kann es die Lehrerin so bemalen, als sei es aus Klinkersteinen zusammengesetzt.
Das Tor hängt an der Wand. Wird ein neuer Buchstabe eingeführt, nimmt es die Lehrerin von der Wand und hält es, während die Kinder, das Buchstabenlied singend, durch das Tor ziehen. Der neue Buchstabe wird dann am Tor angebracht.
Als Variante können die Kinder zu zweit durch das Tor laufen. Hinter dem Tor stellen sie sich auf, halten die gefassten Hände hoch und verlängern so das Tor nach dem Vorbild des Kinderliedes „Die goldene Brücke".

## 6.4 Große Buchstabenkarten

Die Buchstabenkarten können folgendermaßen genutzt werden:
- Sie dienen als Gedächtnisstütze für die Kinder, indem sie sukzessive auf das Buchstabentor, den Buchstabenzug bzw. das Buchstabenhaus gehängt werden. Natürlich wird dabei das Bild ausgemalt sein.
- Wenn Sie die Karten fotokopieren, auseinander schneiden, auf Karton kleben, anmalen und folieren, erhalten Sie folgende Spiele: Domino, Memory und durch Ergänzen des „Schwarzen Peters" das Peterspiel.
- Sie können im Sitzkreis, in Partnerarbeit, Gruppen- wie Einzelarbeit die Buchstaben zu ihren Symbolen zuordnen lassen.
- Vervielfältigen Sie eine Buchstabenkarte, so können die Kinder mit Finger oder Stift die Buchstabenform nachspuren. Die Feinmotorik wird weiterhin geschult, wenn die Kinder das dazugehörige Bild ausmalen.
- Legen Sie für die Kinder ein Klassenbuchstabenheft an, d. h. Sie kleben die Buchstaben der Reihenfolge ihres Einführens nach in dieses Heft. Der Nachspurrand wird nun nicht zum Nachspuren genommen, sondern unter Einbeziehung aller Sinne mit duftenden Materialien beklebt.
  Beispiel: Beim Buchstaben Rr wird die Spur mit Reis beklebt; beim Buchstaben Ss mit Salz; beim Buchstaben Mm mit Mohn; beim Cc mit Currypulver; beim Zz mit Zimt. Beim Oo raspeln Sie mit den Kindern eine Orangenschale und kleben das Erzeugnis auf.
  Der Titel dieses Heftes könnte sein: Amo lernt das Abc.

## 6.5 Die Arbeit mit Stöpselkarten, Domino und Memory

### 6.5.1 Stöpselkarten

Stöpselkarten, im Fachhandel schon lange bekannt, sind bei vielen Kindern ein sehr beliebtes Arbeitsmaterial. Einige Verlage bieten fertige Stöpselkarten zum Verkauf an. Aber nicht jede Schule finanziert diese Anschaffung. Das Selbstherstellen erfordert nicht viel Zeit, ist billig und kann den jeweiligen Unterricht einbeziehen. Beim Anfertigen der Stöpselkarten ist man in keiner Weise an irgendein Format oder eine äußerliche Form gebunden.

Für die Arbeit mit Stöpselkarten benötigt man die Karten selber, Holzständer sowie passende Stöpsel (im Spielwarenhandel erhältlich).

Der Arbeitsaufwand bleibt relativ gering, wenn man folgende Tipps beachtet:
- Am besten lässt man unten an der Stöpselkarte einen etwa 2 cm breiten Rand frei, der dann in die Setzleiste rutscht.
- Verwendet man keine Kopiervorlage, so zeichnet man sich am besten eine Schablone und fotokopiert diese, bevor man die Texte einträgt.
- Eine einheitliche Größe der Karten erleichtert das Ordnunghalten im Schrank!
- Zum Einstanzen der Löcher leistet ein Locheisen gute Dienste.

*Arbeitsweise:*

Das Einführen der Arbeit mit Stöpselkarten bedeutet keinerlei Schwierigkeiten. Schon zu Beginn der ersten Klasse ist es für Schulanfänger nicht schwer, dieses Material richtig zu gebrauchen.

In unseren Klassen stehen auf einer alten Schulbank immer Stöpselkarten. Die Kinder gehen oft dorthin und arbeiten vollkommen selbstständig, weil sie auf jeder Karte klare Arbeitsaufträge finden. Bei unseren Beispielen muss das Kind erkennen, welcher Buchstabe am Anfang bzw. am Ende des Wortes steht, das die Abbildung zeigt. Es sieht in jeder Reihe drei Buchstaben, sucht den richtigen heraus und stöpselt im entsprechenden Loch. So verfährt es in jeder neuen Reihe. Ist das Kind mit dem Stöpseln fertig, dreht es den Ständer mit der Karte um. Durch die Farbmarkierung des richtigen Loches sieht es sofort, ob seine Antworten richtig oder falsch sind.

Sie können die Aufgabenpalette beliebig erweitern, indem Sie z. B. eine Stöpselkarte für Buchstaben in der Mitte eines Wortes entwerfen bzw. Ihre Stöpselkartensammlung entsprechend der Reihenfolge der Einführung neuer Buchstaben ausbauen.

Tipp: Bunte Verstärkungsringe sind zum Markieren der richtigen Lösung nicht geeignet, da sie sich sehr schnell von der Karte lösen. Billiger und dauerhafter ist es, die Lösung mit einem wasserfesten Folienstift zu umkreisen. Stöpselkarten sind besonders gut für Einzelarbeit geeignet, da sich die Kinder selbst kontrollieren können. Aber auch zur Partnerarbeit bietet sich dieses Material an. Die Kinder lösen abwechselnd die Aufgaben und kontrollieren sich gegenseitig. Die unmittelbare Rückmeldung der erbrachten Leistung fördert die Motivation der Kinder. Arbeiten die Kinder längere Zeit mit Stöpselkarten, so wird es sie bald reizen, selber solche Karten herzustellen.

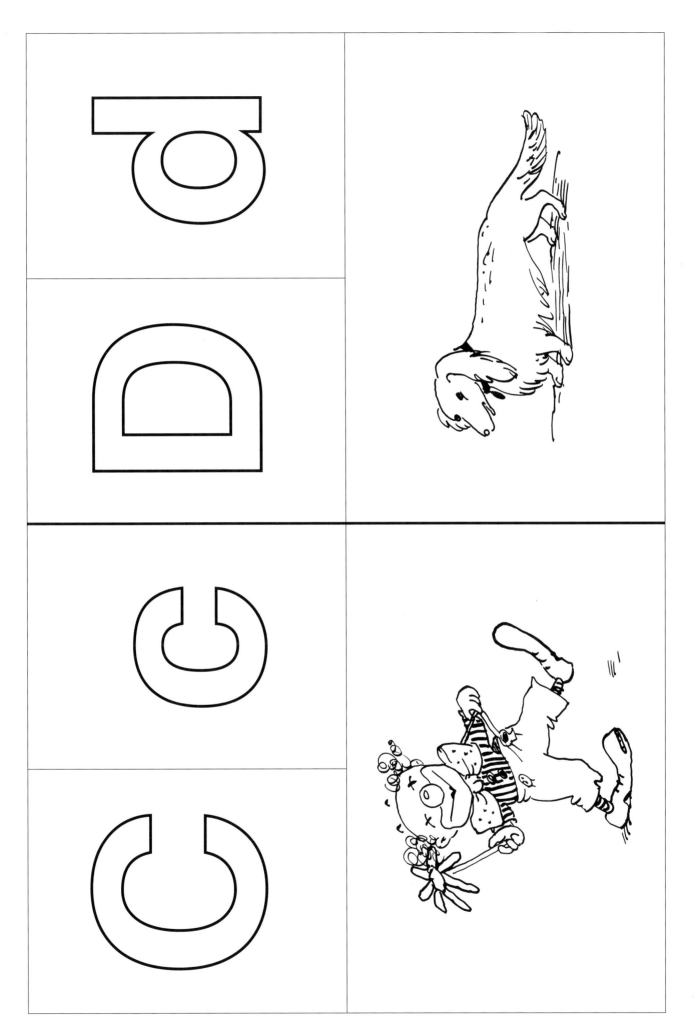

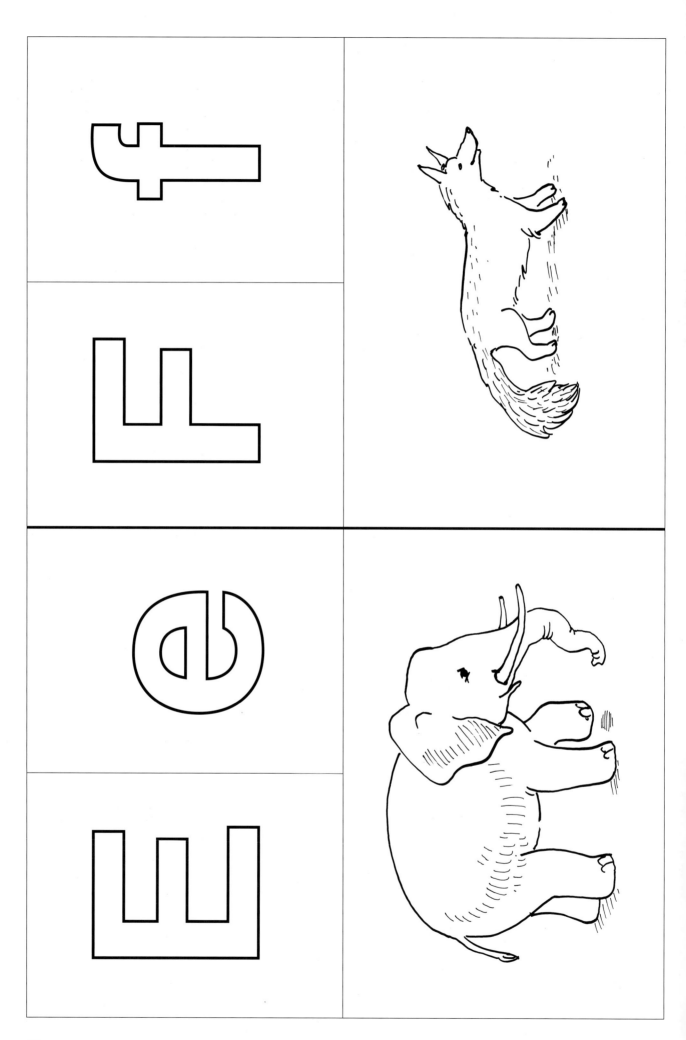

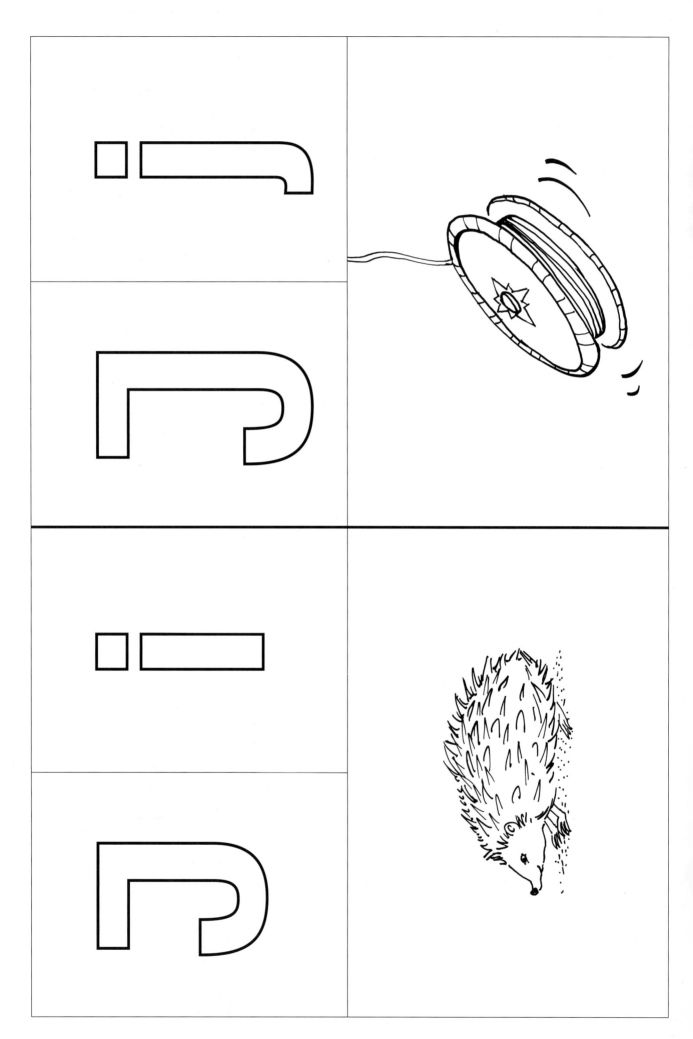

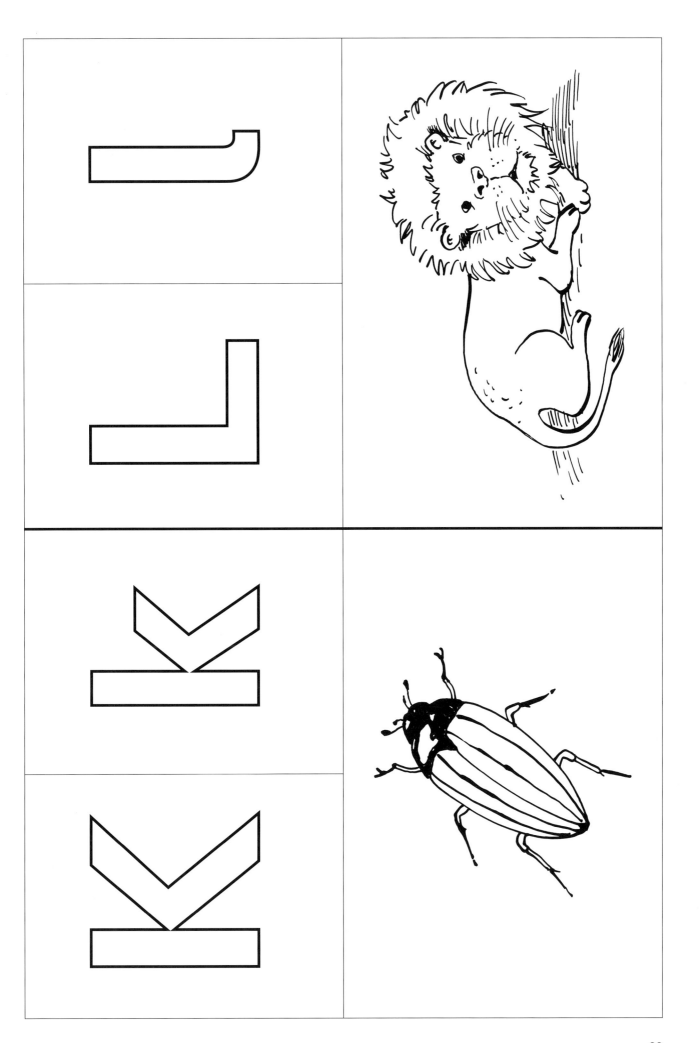

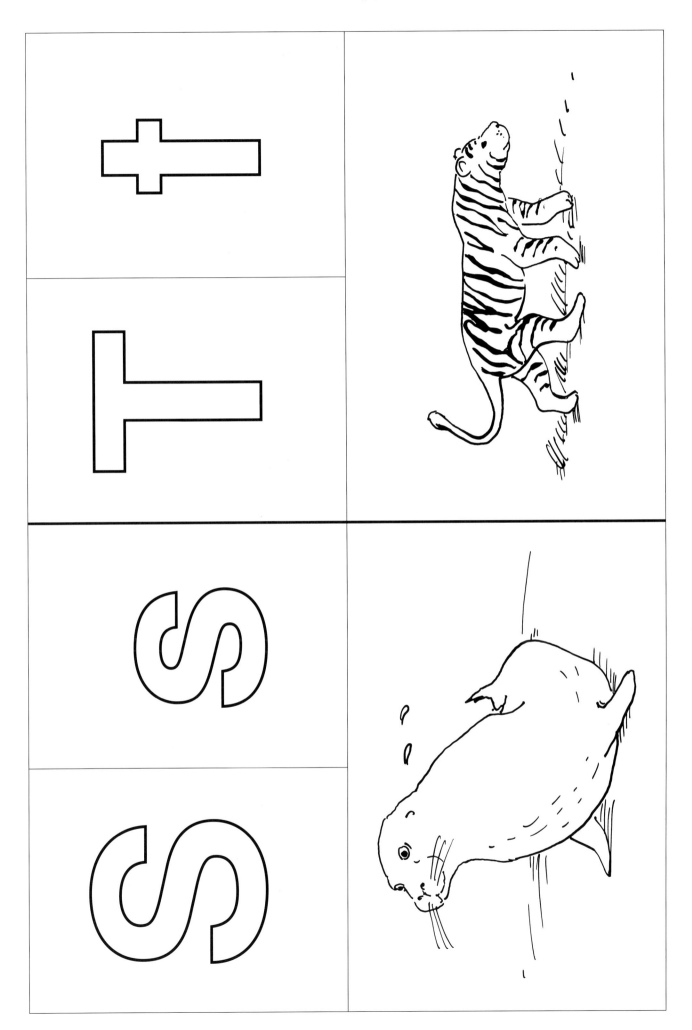

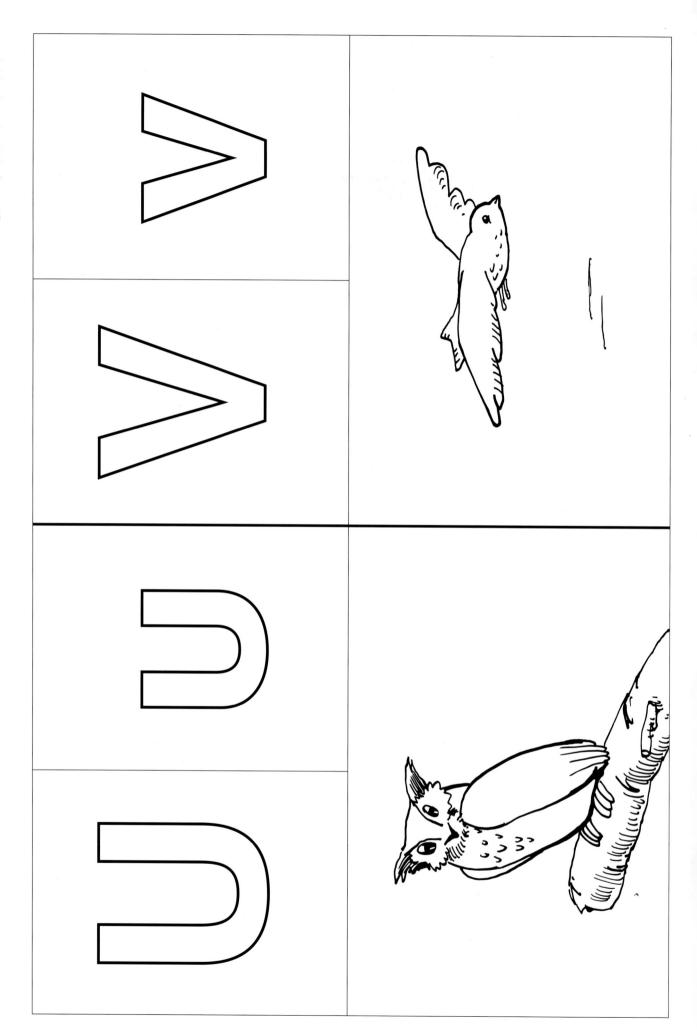

68

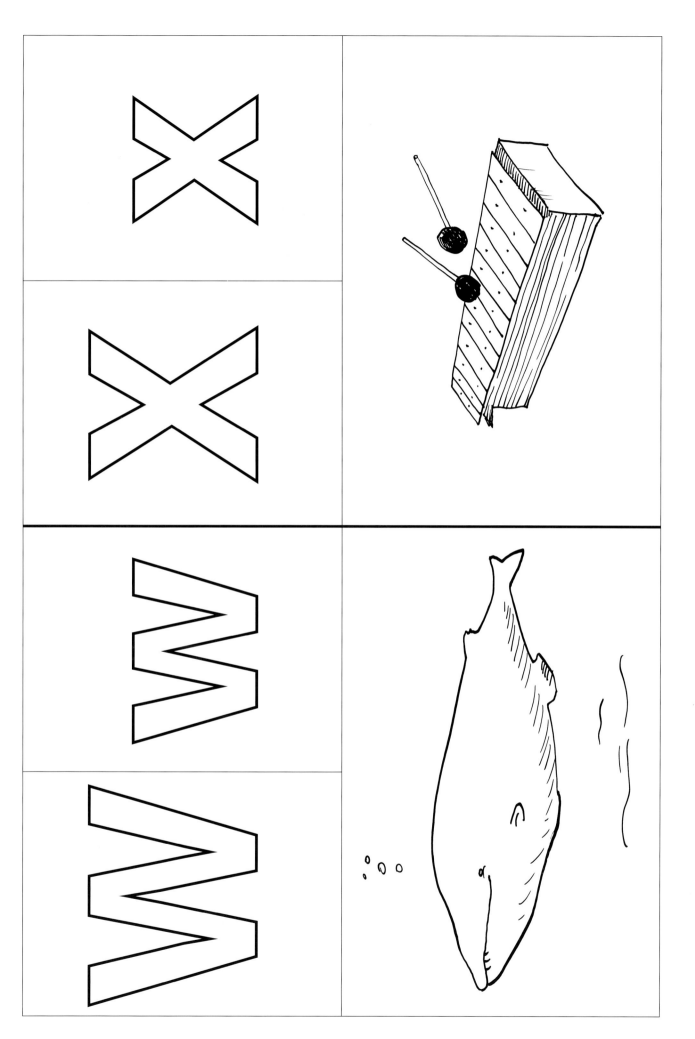

### 6.5.2 Domino

Ausgehend von der Idee des Dominospiels, bei dem immer Spielsteine mit gleicher Augenzahl aneinander gelegt werden, kann man Spielmaterial für den Unterricht herstellen. Es gilt, zu einem Bild ein passendes Symbol zu finden, später vielleicht einen Begriff oder einen kleinen Text oder umgekehrt.

Der Vorteil aller Dominos liegt darin, dass die Lehrerin bei der Herstellung wie beim Einsatz großen Spielraum hat. Sie kann ihr Domino an jeder beliebigen Stelle unterbrechen, beenden oder erweitern.

Dominospiele sind geeignet für Einzel-, Partner- und Gruppenarbeit. Grundsätzlich kann man sie sowohl in der Freiarbeit als auch in jeder Phase des geschlossenen Unterrichts einsetzen.

Wichtig für die Kinder ist die Möglichkeit der Selbstkontrolle. Für das Dominospiel heißt das, dass die Karten auf der Rückseite durchgehend nummeriert werden. Die Kinder können sich so jederzeit selbst überprüfen.

*Arbeitsweise:*

Dominos sind für Kinder nicht schwer zu spielen. Sie suchen aus der Vielzahl der Karten den „Start" (Symbol A = Anfang) heraus. Auf derselben Karte finden sie ein Bild, über dem der große Anfangsbuchstabe des Wortes steht. Zu diesem müssen sie den kleinen Buchstaben suchen. Haben die Kinder die passende Karte gefunden, wird sie angelegt und die nächste gesucht. So wird das Spiel fortgesetzt, bis die letzte Karte (Symbol E = Ende) angelegt ist. Wenn alle Bilder nebeneinander liegen, kommt der spannende Moment der Kontrolle. Die Kinder wenden die Karten, die Zahlen werden der Reihe nach vorgelesen. Bei unserem Domino haben wir Ihnen einen möglichen Anfang vorgegeben, da die Reihenfolge der Einführung der Buchstaben von Klasse zu Klasse variiert: Einige Lehrerinnen bevorzugen die Vorgaben der Fibeln, andere wiederum entscheiden hier individuell auf Lehrstil und Klassensituation bezogen.

### 6.5.3 Memory

Memoryspiele sind den Kindern schon von der Vorschulzeit her bekannt. Sie eignen sich vorzüglich dazu, das Konzentrationsvermögen zu steigern, weil die Kinder sich über längere Zeit mit einer Sache beschäftigen müssen. Zum erfolgreichen Spielen gehört zudem ein gutes Gedächtnis. Ziel beim Memoryspiel ist es, so viele Kartenpaare wie möglich zu sammeln.

*Arbeitsweise:*

Die Kinder mischen und verteilen die Memorykarten auf dem Boden mit der Rückseite nach oben.

Das erste Kind hebt zwei Karten hoch, deckt sie für alle Kinder sichtbar auf. Haben die Karten ein zusammengehöriges Motiv und passen großer und kleiner Buchstabe zusammen, gehören sie dem aufdeckenden Spieler, der es dann gleich noch einmal versuchen darf. Sind die Karten verschieden, werden sie wieder umgedreht und der nächste Spieler ist an der Reihe. Wer am Schluss die meisten Kartenpaare hat, ist Sieger.

Dieses Spiel eignet sich besonders zur Partner- oder Gruppenarbeit. Im offenen Unterricht ist es jederzeit einsetzbar, im geschlossenen Unterricht eignet es sich in erster Linie für Motivations- und Übungsphasen.

## Welchen Buchstaben hörst du am Ende?

| M | M | A | O | A | O | O | A |
|---|---|---|---|---|---|---|---|
| A | O | O | M | O | A | M | M |
| O | A | M | A | M | M | A | O |

## Welchen Buchstaben hörst du am Anfang?

| M | M | M | O | M | M | A | O |
|---|---|---|---|---|---|---|---|
| A | O | A | A | A | O | O | M |
| O | A | O | M | O | A | M | A |

**Domino (Beispiel)**

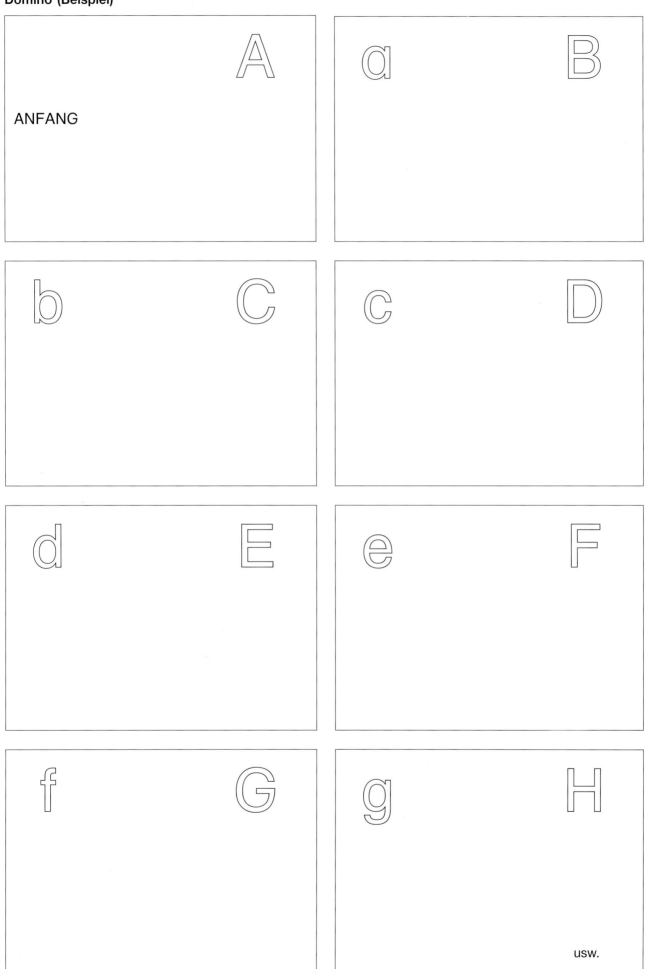

A

ANFANG

a          B

b     C

c          D

d     E

e     F

f     G

g          H

usw.

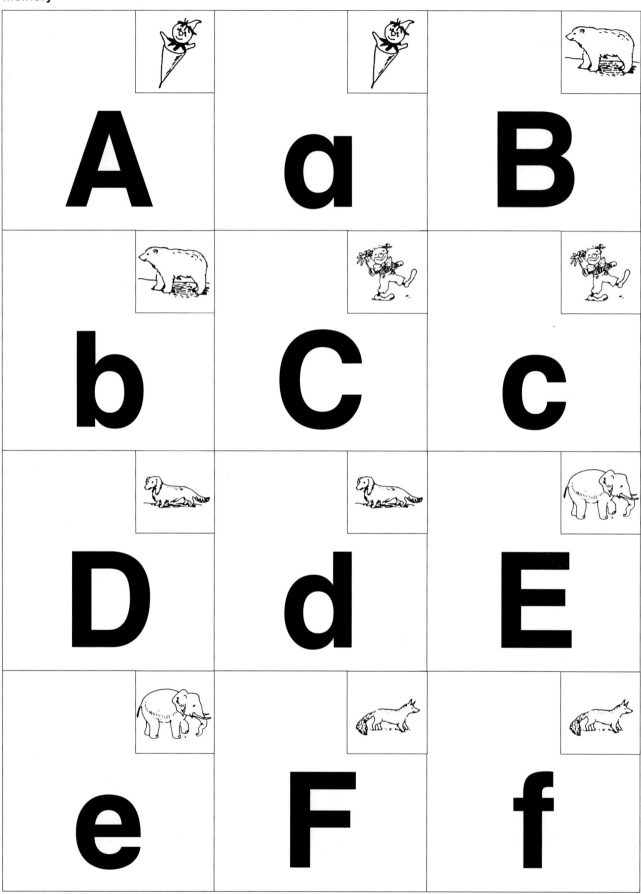

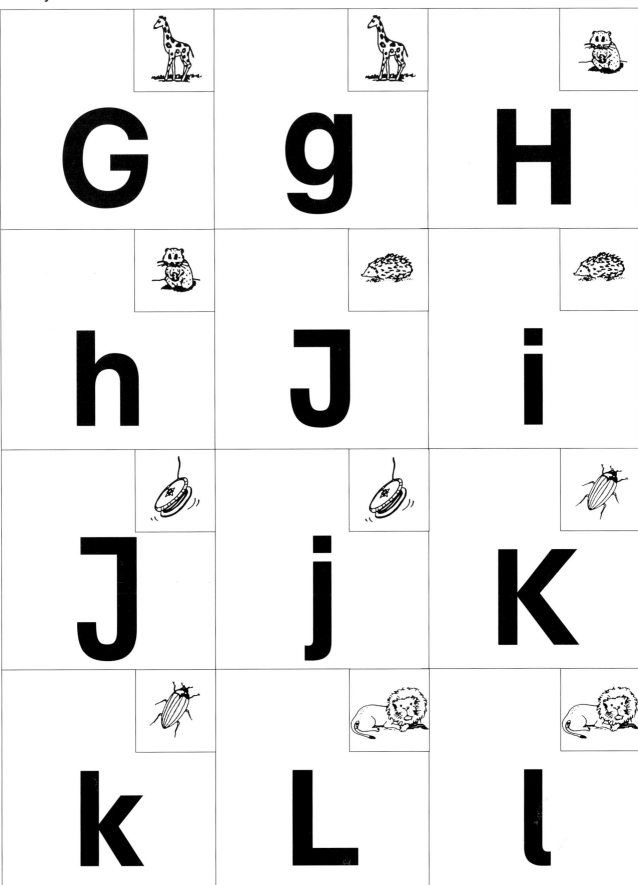

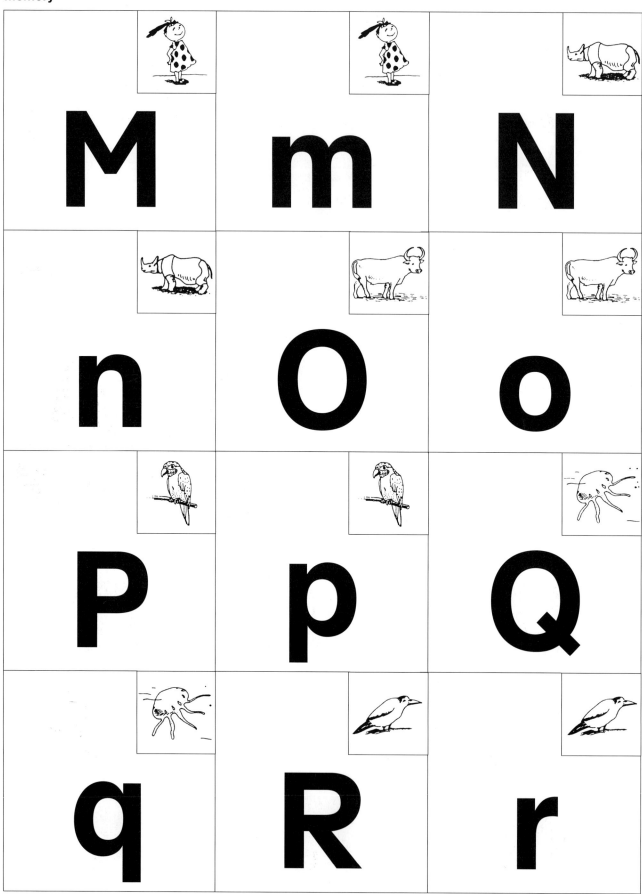

**Memory**

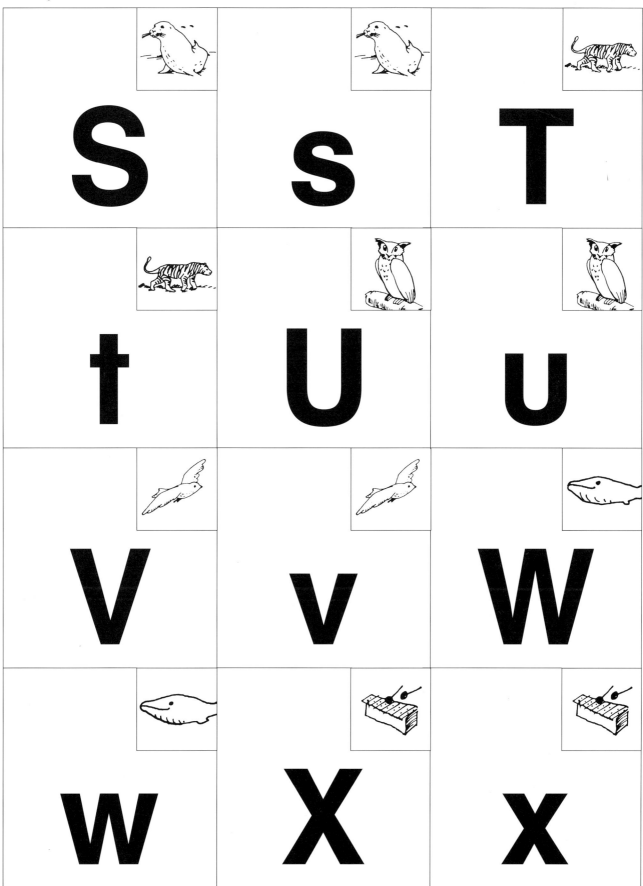

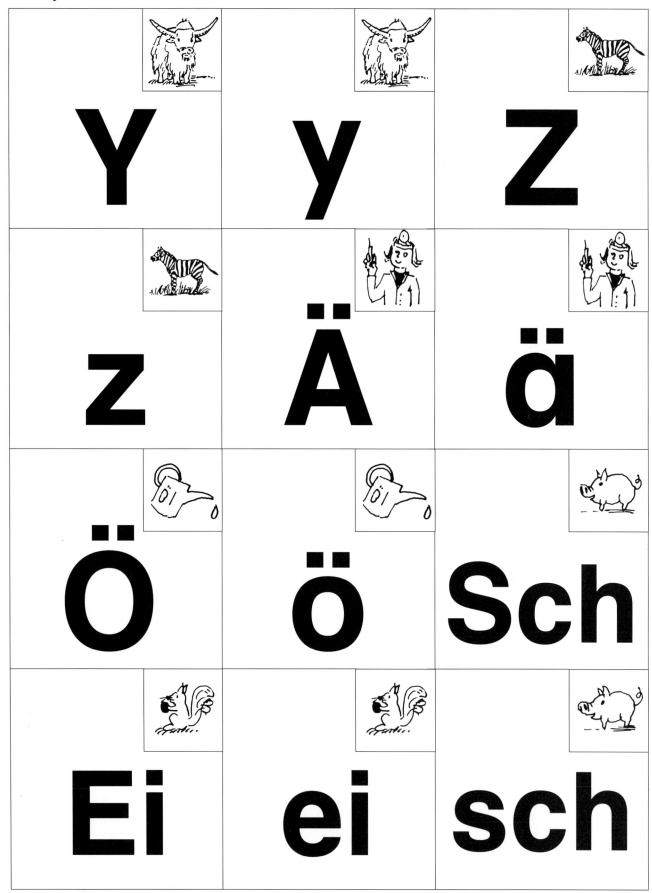

## 6.6 Würfelspiele

Würfelspiele sind bei fast allen Kindern beliebt. Sie erfordern Geduld, Konzentration, Ausdauer und die Fähigkeit, auch einmal verlieren zu können. All dies wird auch im Unterricht dringend benötigt. Da diese Spiele zudem die sozialen Kontakte in der Klasse verstärken können, eignen sie sich auch vorzüglich für Lernspiele. Da die meisten Kinder Würfelspiele bereits aus ihrer Vorschulzeit kennen, erübrigt sich meistens eine ausführliche Erklärung der Spielregeln.

Weil der Spielplan häufiger verwendet wird, sollte man ihn auf kräftigen Karton aufkleben. Am besten lässt man ihn von den Kindern farbig gestalten und überzieht ihn dann mit Folie. Wenn der als Kopiervorlage angebotene Plan zu klein ist, kann er problemlos auf DIN A3 vergrößert werden.

Das erste Spiel kann für jeden Laut hergestellt werden. Das zweite Spiel ist auch für die Buchstaben Mm und Oo verwendbar.

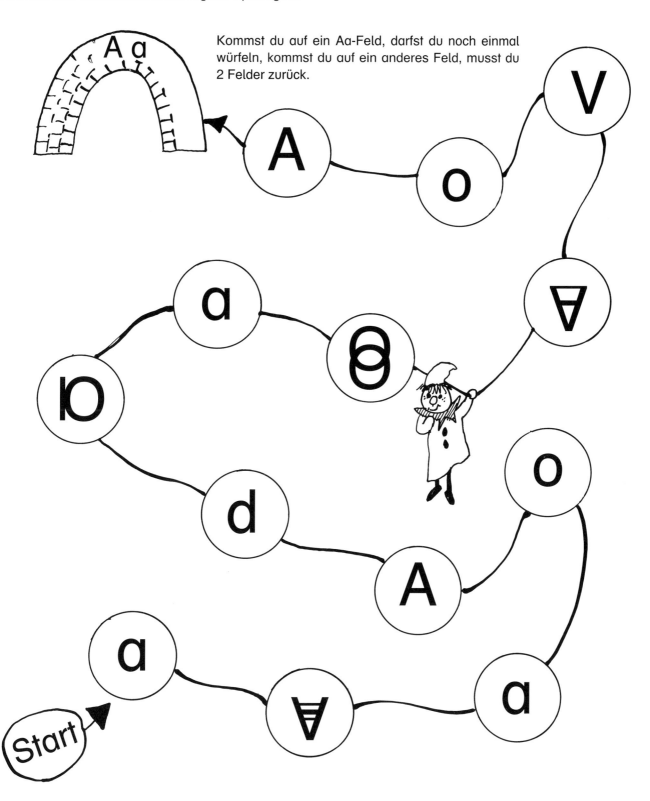

Kommst du auf ein Aa-Feld, darfst du noch einmal würfeln, kommst du auf ein anderes Feld, musst du 2 Felder zurück.

Hörst du in dem Wort ein A a, rücke 2 Felder vor.
Hörst du kein A a, gehe 2 Felder zurück.

# A a + 2    A a – 2

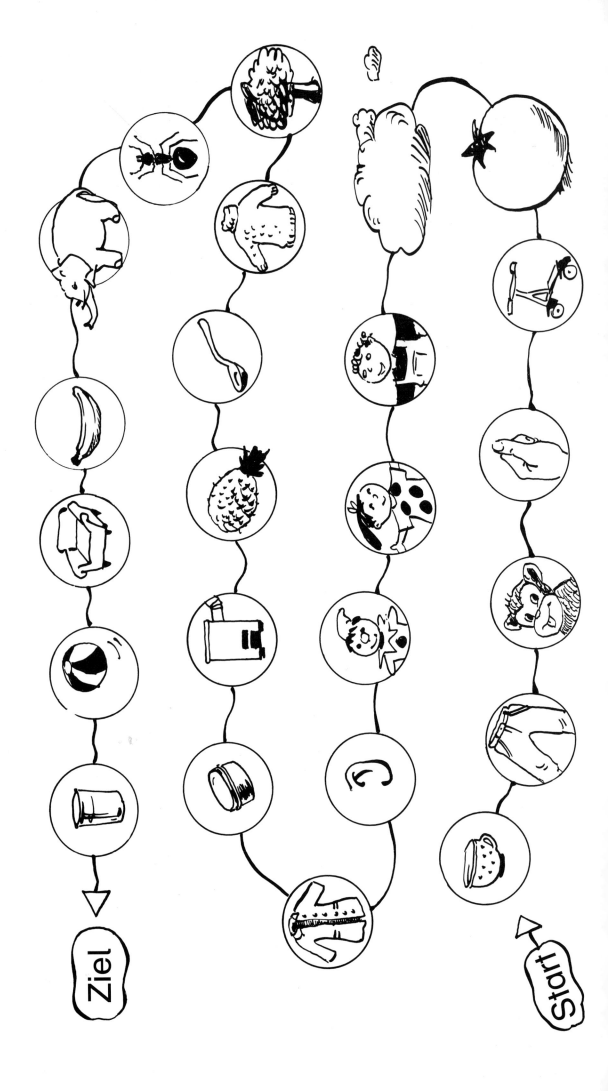

## 6.7 Der vierte Schultag – Übungseinheit Mathematik

*Am vierten Schultag* wird nach den morgendlichen Kennenlernspielen der gelernte Buchstabe vertieft und gefestigt.

Anschließend bespricht die Lehrerin mit den Kindern das Verhalten während des Unterrichts. Die Kinder lernen erste Regeln kennen wie z. B. das Melden vor dem Sprechen, das Grüßen am Morgen beim Betreten des Schulhauses, das Aufhängen der Jacke am richtigen Garderobenplatz u. v. m.

Gestalten Sie dazu passende Bilder und hängen diese im Klassenzimmer auf, so können Sie die Kinder in Zukunft nonverbal auf das richtige Verhalten aufmerksam machen.

Lassen Sie die erste Woche in aufgelockerter, lustiger Atmosphäre mit folgender *Übungseinheit aus der Mathematik* ausklingen.

### Mathematik

Bevor die Kinder mit Zahlen umgehen und rechnen, werden Vorübungen durchgeführt, so z. B. Orientierungsübungen, die bestimmte Lagebeschreibungen zur Folge haben. Lagebeschreibungen durch Präpositionen bereiten dem Erstklasskind immer wieder Schwierigkeiten, insbesondere die Unterscheidung von rechts und links. Aber auch Lagebeschreibungen wie unter, oben, auf, zwischen, neben usw. müssen immer wieder geübt und vertieft werden. Spielerische Übungen, wie sie unsere Leitfigur „Amo" im Folgenden durchführt, können die Kinder, ihrem Bewegungsdrang folgend, nachstellen und verbalisieren.

### Ablauf im Unterricht

In der Motivationsphase stellen die Kinder fest, dass Amo verschwunden ist. Nachdem sie vermutet haben, wo er sein könnte, suchen sie ihn in der Klasse. Die Lehrerin hat ihn z. B. zwischen den Büchern im Bücherregal versteckt. Hat ein Kind ihn gefunden, beschreibt es, wo es Amo gefunden hat. Nach dem Durchführen mehrerer realer Beispiele kann man zur *ikonischen Phase* übergehen.

An der Tafel hängen Bilder: ein Blumentopf, ein Bücherregal, ein Schuh, ein Tisch, ein Sofa, eine Tür, ein Schrank mit Schubladen, ein Teppich. Im Vorfeld hat die Lehrerin die Amo-Figur ausgeschnitten und auf einen Karton geklebt, an dessen Rückseite ein Magnetstreifen befestigt wurde. Durch das Präparieren der Bilder (die Lehrerin hat mit einem spitzen Messer Schnitte in das Papier gebracht) kann sie

Amo z.B. unter den Teppich schieben. Die Kinder finden ihn und verbalisieren „Amo ist unter dem Teppich".

Die Kinder bekommen nun ein Arbeitsblatt sowie eine kleine Figur von Amo. Die Vorarbeit für die Lehrerin besteht darin, die Stellen einzuschneiden, an denen man Amo verstecken kann (s. Arbeitsblatt S. 83: fette Linie). Die Kinder schieben nun ihren Amo hinter eine durchgeschnittene Linie; der Partner erfragt Amos Versteck: Ist Amo unter dem Teppich …?

Die Stunde kann mit einem Konzentrationsspiel ausklingen, um die Kinder nach einer aktiven Phase zu sammeln sowie Ruhe und Aufmerksamkeit wiederherzustellen. Das Spiel wird in Einzelarbeit durchgeführt: Damit Amo nicht wieder verschwindet, soll er bei einem seiner Freunde bleiben. Aber wo ist Mia, wo ist Ali (s. Abb. S. 81)?

 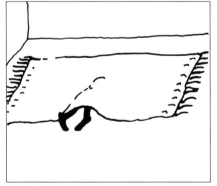 

1. Amo sitzt auf einem Buch.
2. Amo ist unter dem Tisch.
3. Amo ist vor der Tür.
4. Amo ist zwischen 2 Blumentöpfen.
5. Amo ist in der Tüte.

6. Amo ist neben der Tafel.
7. Amo ist hinter dem Sofa.
8. Amo ist unter dem Teppich.
9. Amo ist auf dem Schulranzen.

# Wo ist Amo?

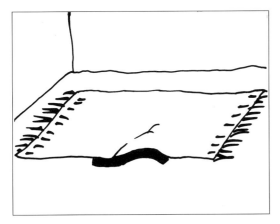

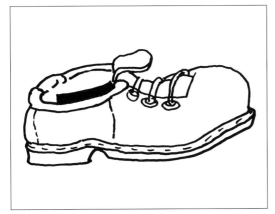

# 7 Hausaufgaben

Aus Pressemitteilungen, Untersuchungen und eigenen Erfahrungen wissen wir, dass das Thema Hausaufgaben für viele Schüler und Eltern zum ernsten Problemfall werden kann. Um dem entgegenzuwirken, sollte jede Lehrerin ihre eigene Hausaufgabenpraxis kritisch hinterfragen und außerdem dieses brisante Thema in den Mittelpunkt eines Elternabends stellen.

## 7.1 Leitfragen

Grundsätzlich kann mit dem Stellen von Hausaufgaben ein Beitrag zur schulischen Bildungsarbeit geleistet und u. a. auch Lernziele wie Selbstständigkeit, Kooperationsfähigkeit, Kreativitätsförderung, Kommunikationsfähigkeit verwirklicht werden. Das gelingt aber nur dann, wenn die Lehrerin die Hausaufgaben bereits im Vorfeld gut durchdacht und in ihre Unterrichtsplanung integriert hat. Einige Leitfragen sollen beim Nachdenken über die Hausaufgabenproblematik helfen:

- Habe ich diese Hausaufgabe nur aus Prinzip gestellt?
- Ergibt sich die Hausaufgabe aus dem Unterricht?
- Mündet die gestellte Hausaufgabe in die folgenden Stunden ein?
- Besteht die Möglichkeit einer Differenzierung bei den Hausaufgaben?
- Können sich die Kinder bei der Bearbeitung der Hausaufgabe selbst kontrollieren?
- Habe ich einen Wechsel in der Schwerpunktsetzung (kognitiv, psychomotorisch, affektiv, sozial) vorgenommen?
- Gebe ich den Schülern Gelegenheit, Hausaufgaben nicht nur schriftlich, sondern auch zeichnerisch oder mündlich zu bearbeiten?
- Können meine Schüler Materialien und Informationen beschaffen, die ich in meinen Unterricht einbauen kann?
- Ermöglicht die gestellte Hausaufgabe die Kooperation mit anderen Schülern der Klasse?
- Kann ich durch die erteilte Hausaufgabe kommunikative Fähigkeiten wie z. B. Zuhören, Beobachten, Wahrnehmen fördern?

Vgl. Britta Kohler, Hausaufgaben. Zu ihrer Problematik in der Grundschule. Haarmann, Dieter (Hrsg.): Handbuch Grundschule. Band 1, Weinheim 1991

## 7.2 Beispiele für Deutsch, Heimat- und Sachunterricht, Mathematik

Welche Möglichkeiten gibt es nun, diese Überlegungen in die Praxis einfließen zu lassen?
Für die Fächer Deutsch, Heimat- und Sachunterricht und Mathematik stellen wir Ihnen hier einen kleinen Katalog mit sinnvoll-produktiven Aufgabenstellungen vor:

*Deutsch*

- Bringe Gegenstände von daheim mit, welche die Form eines Buchstabens haben!
- Schneide zwei Dinge aus der Zeitung aus, die unseren neuen Buchstaben enthalten!
- Male zu unserer Buchstabengeschichte ein Bild, wie es weitergehen könnte!
- Überlege dir zwei Tiere, die den gleichen Anfangsbuchstaben wie dein Name (der des Banknachbarn) haben!
- Überlege dir bis morgen, wie du die … (Person X) aus unserer Buchstabengeschichte pantomimisch spielen könntest!
- Bemale das leere Kartenspielkärtchen mit einem Gegenstand, der mit z. B. „e" endet! (Entstehung eines Kartenspiels zur akustischen Analyse des Endbuchstabens)
- Stelle uns dein Lieblingsbuch vor!
- Male mit einem dicken Stift auf Tapete, wo du auf dem Sportplatz rennst!
- Klebe z. B. das „K" aus Knöpfen auf ein Tonpapier!

*Heimat- und Sachunterricht*

- Sammle Bilder, die zum Herbst passen! (Entstehung eines Wandbildes)
- Male ein Bild für unseren „Geburtstagsglückwunschkoffer"!
- Frage deine Eltern, welche Spiele sie früher in der Pause spielen durften! Erkläre sie der Klasse!
- Zähle, wie viele Straßen du auf dem Schulweg überqueren musst!
- Male das größte Gebäude, an dem du auf dem Schulweg vorbeikommst! (Schulviertel als Plakat)
- Überlege dir, wie du deine Gefühle (traurig/froh) mit und ohne Worte ausdrücken kannst!
- Bringe dein Lieblingsspielzeug mit und zeige uns, wie du damit spielst!
- Beobachte die Leute an der Ampel, wenn du auf dem Heimweg bist!
- Mache am Wochenende einen Spaziergang in den Wald und bringe drei Blätter mit, die besonders bunt gefärbt sind! Sammle sie vom Boden auf!

- Zähle die Vögel, die in einer Viertelstunde (Mutti zeigt die Zeit) an euer Vogelhäuschen kommen! Mache dir für die Anzahl Striche auf ein Blatt. Beobachte vier Tage lang!
- Nimm vor eurem Haus Geräusche mit dem Kassettenrekorder auf. Alternative: Mache die Geräusche vor, die du vor eurem Haus gehört hast!
- Stelle ein Geruchsdöschen oder Fühlsäckchen her!

*Mathematik*

- Male eine Blume mit 5 (6, 3) Blütenblättern!
- Male ein Federmäppchen mit neun Stiften!
- Klebe auf eine Spielkarte so viele Papierpfennige, wie du zählen kannst! (Pfennigkartenspiel)
- Suche Wörter aus der Zeitung, die z. B. aus 5, 6, 7 … Buchstaben bestehen!
- Male auf die Karteikarte eine kleine Rechengeschichte mit z. B. Kastanien (Rechenkartei entsteht, auf der später die Aufgabenstellung auf der Kartenrückseite notiert wird)!

Vgl. Horst Speichert: Praxis produktiver Hausaufgaben, Frankfurt a. M. 1987

# 7.3 Organisatorische Überlegungen

Neben den inhaltlichen gibt es wichtige organisatorische Überlegungen, die beim Stellen von Hausaufgaben beachtet werden müssen.

Hierzu einige Tipps:

1. Die Hausaufgaben nicht kurz vor Schulschluss stellen, sondern jeweils in der Stunde, in der sie anfallen.
2. Die Aufgabe laut stellen und dabei an der Tafel mit Symbolen fixieren.

Beispiele:

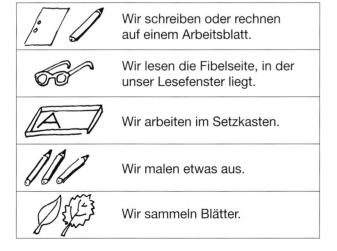

| | |
|---|---|
| | Wir schreiben oder rechnen auf einem Arbeitsblatt. |
| | Wir lesen die Fibelseite, in der unser Lesefenster liegt. |
| | Wir arbeiten im Setzkasten. |
| | Wir malen etwas aus. |
| | Wir sammeln Blätter. |

| | |
|---|---|
| | Wir fragen unsere Eltern. |
| | Wir schneiden etwas aus, z. B. den neuen Buchstaben. |

3. Die Aufgaben werden von zwei Kindern laut wiederholt.
4. Rückfragen ermöglichen oder sogar provozieren.
5. Die Kinder übertragen die Symbole in ihr Hausaufgabenheft. Es empfiehlt sich am Anfang, nicht mit den im Handel üblichen Hausaufgabenheften zu arbeiten, sondern ein kariertes Schulheft zu verwenden. Das hat den Vorteil, dass die Kinder ihren Platz selbst einteilen können und durch die Karos Hilfe beim Schreiben der Druckbuchstaben erfahren. Nachdem die Hausaufgabe notiert wurde, ziehen die Kinder mit Farbe einen durchgehenden Strich darunter, so dass sofort klar ist, an welcher Stelle am nächsten Schultag die neuen Aufgaben aufgeschrieben werden.
6. Das Hausaufgabenheft kommt zusammen mit den Materialien, die für die aktuelle Hausaufgabe benötigt werden, in eine Hausaufgabenmappe. Die Vorderseite dieser Mappe kann in den ersten Schulwochen in einer Kunststunde von den Kindern fantasievoll ausgemalt oder beklebt werden.
7. Am Tagesende sollte die Hausaufgabe noch einmal von einem Kind wiederholt werden.

Mit fortschreitendem Lernzuwachs in Deutsch und Mathematik werden die Symbole allmählich verschwinden und durch Buchstaben und Ziffern ersetzt.

Beispiel: R 3   bedeutet Rechenbuch Seite 3
        Ab   bedeutet Arbeitsblatt
        L 10  bedeutet Fibel/Lesebuch Seite 10

Die Zahl der Eltern, die ihren Kindern beim Anfertigen der Hausaufgaben helfen, ist beträchtlich – die dabei auftretenden Probleme nicht minder.

Deshalb sollten Sie den Eltern auf einem Elternabend konkrete Hilfen anbieten. Dies kann geschehen in Form von Tipps und Ratschlägen zu Arbeitszeit und Elternhilfe. Hier einige Vorschläge:

- Beachten des Leistungstiefs gegen 14.00 Uhr
- Arbeitszeit durch Pausen unterbrechen; spätestens dann, wenn eine Überforderung beim Kind festgestellt wird.
- Das Kind entscheiden lassen, mit welcher Aufgabe es anfangen möchte.
- Hilfe nur dann anbieten, wenn sie vom Kind verlangt wird und man als Elternteil ausreichend Ruhe und Zeit hat.
- Zur Selbstständigkeit anleiten.
- Mut zu eigenen Lösungsversuchen wecken.

- Kritik über Hausaufgabenstellung nicht vor dem Kind aussprechen.
- Durchsicht der Hausaufgaben anbieten, nicht einfordern.
- Bei starker zeitlicher Belastung (30 Minuten tägliche Hausaufgabenzeit) einen Beobachtungsbogen führen, der eine wichtige Grundlage für ein Eltern-Lehrer-Gespräch sein kann.
- Jede erledigte Hausaufgabe vom Kind im Hausaufgabenheft durchstreichen oder abhaken lassen.

Die Vorgehensweise bei der Durchsicht der Hausaufgaben in der Schule ist von Lehrer zu Lehrer sehr verschieden. Eines ist allerdings von größter Bedeutung für die Kinder: Hat die Lehrerin meine Hausaufgabe gewürdigt? Ob Sie dabei Sternchen, Stempel oder Verbalbeurteilungen einsetzen, ist Ihre eigene Entscheidung. Prinzipiell sollten Sie die individuelle Leistung jedes einzelnen Kindes honorieren und nie aus den Augen verlieren, mit wie viel Mühe und Fleiß die Hausaufgaben z. T. angefertigt wurden.

## ... und was wir sonst noch sagen wollten

Wir hoffen, dass Sie durch unser Buch neue Anregungen und Ideen gewonnen haben. Natürlich sind nicht alle von Anfang an zu realisieren. Setzen Sie Schwerpunkte und wählen Sie aus der Vielzahl der Beispiele jene aus, die zu Ihrer Lehrerpersönlichkeit passen und die für Ihre Arbeit mit der Klasse geeignet sind. Entwickeln Sie Ihre Ideen gemeinsam mit Kolleginnen und Kollegen und tauschen Sie sich regelmäßig über Ihre Arbeit aus.

Einen guten Start in die erste Klasse und viel Freude mit Ihren Kindern wünschen Ihnen

*Sigrid Bairlein*
*Christel Butters*